SV

Adolf Muschg

Die Insel, die Kolumbus nicht gefunden hat

Sieben Gesichter Japans

Suhrkamp Verlag

Erste Auflage 1995

Druck: Wagner GmbH, Nördlingen
Printed in Germany

Die Insel,
die Kolumbus nicht
gefunden hat

Für Iso Camartin

Inhalt

Der Wasserfall von Nikko 11
Hansi, Ume und ich 17
Tsunami 26
Japan – Versuch eines fraktalen Porträts . 32
Zwei Geschichten und ein Faktor X für
Tadao Ando 49
Zeichenverschiebung 71
Doppelagent in Dejima 106

Der Wasserfall von Nikko

Auf einem der malträtierten Papierchen, die ich, im ersten Schulalter, meine »Briefmarkensammlung« nannte, ließ sich ein Wasserfall im kreidigen Moosgrün eher erraten als erkennen. Die fernöstliche Zeichenschrift, das kreisrunde Emblem, das wie eine halbierte Zitrone aussah, deutete auf Japan, das, wie ich aus der Zeitung wußte, inzwischen auch halb China verschlungen hatte. Dies war also ein japanischer Wasserfall.

Es gab natürlich niemanden, der einem Siebenjährigen mitten im Krieg aus Japan geschrieben hätte. Die Marke stammte aus einer »100 Verschiedene / Ganze Welt«-Packung, die ich mir zu Weihnachten gewünscht hatte und die den kleinen Vorrat, der aus ein paar europäischen Nachbarländern zusammengekommen war, märchenhaft vermehrte. Denn das Wunder erübrigte die Mühe, die es mich sonst gekostet hatte, die bunten Plätzchen im Wasserbad von den Papierunterlagen zu lösen und dann zwischen Löschpapier unter Brehms Tierleben glattzupressen. So säuberlich wurden sie dann doch nie, wie sie jetzt auf einmal, gestempelt und doch unberührt, aus der transparenten, kaum sichtbar geschwellten Tüte rutschten. Hinter den zum Bilderbogen komponierten prächtigen Blickfängen die unscheinbaren Dutzendwerte, unter die sich aber, wer weiß, eine Rarität verirrt haben konnte –

Und so suchte ich in einem tausend Seiten starken Katalog (»Welt«), den mir ein Nachbar vor seinem Wegzug vermacht hatte, Stück um Stück heraus, verglich die verkleinerten, oft von Stempelschwärze nahezu unkenntlich gemachten Abbilder mit den Originalen in meiner Hand und konnte, im Lauf eines damals noch unerschöpflichen Sonntags, die meisten identifizieren. Der Wert, den der Katalog zu jeder Marke angab, bewegte sich regelmäßig zwischen einem und sechs Rappen, die Fehlfarbe, die mich reich gemacht hätte, fand sich nicht. Immerhin blieb mir der Trost, daß die zwei Franken, die meine Mutter für die »Ganze Welt« angelegt hatte, deutlich überschritten waren. Ich hatte ein Geschäft gemacht und fragte mich, wie die kleine Briefmarkenstube an der Bahnhofstraße überleben könne, wenn sie ihre Schätze halb verschenkt. Was ich besaß, war mir in jedem Falle teuer über jede Erwartung, zum Beispiel: dieser japanische Wasserfall in kreidigem Licht (malt ihn nur meine Erinnerung grün?), denn es war weit her, aus dem Jenseits der Zeitungsmeldungen. Japan war im Krieg, so viel wußte ich, aber sein Wasserfall lag, schutzbedürftig und unzerstörbar, auf meiner flachen Hand, die sich bemühte kein Papierzähnchen zu krümmen.

»Wasserfall in Nikko« stand im »Welt«-Katalog. Das hieß ja, daß ich von diesem Wasserfall sogar noch etwas mehr wußte. In Nikko war meine viel ältere Halbschwester als Hauslehrerin einer schweizerisch-japanischen Familie in der Sommerfrische gewesen – was für ein schönes Wort! Und jetzt lag die »Sommerfrische« vor mir auf dem Stubentischtuch, ringsum fein gezähnt, magisch verkleinert, dennoch wie durch einen Schleier gut zu erkennen als grüner (oder doch brauner?) Wasserfall. Und auch wenn er nur Fr. 0.01 wert war, so war er doch, für mich persönlich angekommen, die Botschaft, nicht ganz zu entziffern, aus meiner andern Welt, ein entferntes Familienbild.

Ich bin Jahrzehnte später zweimal in Nikko gewesen. »Nikko sehen und sterben« verlangt die touristische Lesart. Ich habe es überlebt. Das chinesische Barock, der allgegenwärtige Zinnober der Tokugawa-Nekropole wäre ohne die mächtigen Fluchten der Zedernstämme schwer genießbar gewesen, Nikko kam mir wie ein verfrühtes Disneyland vor und wurde von den Besucherströmen auch so behandelt. Man muß sich die Nebel aus Kurosawa-Filmen dazu denken, um den Ort mit dem gewünschten Zauber auszustatten. Die »Sommerfrische« aber hatte, dank der Berglage, ihre Richtigkeit.

Den Wasserfall habe ich, wie ich glaube, zu besuchen versäumt, sein Bild hat das Bildchen in meiner Kinderhand nicht gelöscht. Da fällt er noch immer unerschöpflich und verlegt sein verstummtes Geräusch an unerwartete Stellen: ich bemerkte erst während einer Lesung, daß ich meinen Roten Ritter an seinem Karfreitag unter eben diesen Wassersturz gestellt haben muß, nachdem er nackt genug geworden war für eine gründliche Erschütterung seines Lebens. Es war der Wasserfall auf jener Briefmarke, braun oder grün: das chiffrierte Familien-Bildchen.

In Kyoto, der Stadt, in der meine Schwester in den zwanziger Jahren lebte, bin ich vierzig Jahre später zum ersten Mal gewesen. Da hatten die Dächer und Gärten, die unverhofften Durchblicke durch einen Bambuszaun auf eine

Komposition von Stein und Blatt, nicht viel größer als eine Briefmarke, noch viel von ihrer Heimlichkeit bewahrt; vielleicht, weil mir die Jahre dazwischen, die Strapazen vieler Studien, in den fremden Gäßchen vergingen wie Ein Tag. Ich war in der Kinderstadt angekommen, sie war zum Greifen nah und verlor im Laternenschein doch nichts vom Schweigen ihrer Entfernung.

Seither hat die gesetzliche Vorschrift, daß, wer in Japan ein Auto kauft, einen eigenen Parkplatz vorweisen muß, mit den geahnten Vorgärten, den unverhofften Durchsichten aufgeräumt. Wo man sie noch antrifft, sind sie Vorzeigestücke, Zitate traditioneller Gartenkunst. Die Finesse des Alltags, die dazu gehören würde, hat sich verflüchtigt im Reflex des Neonlichts auf den feisten Limousinenrücken. Miniatur-Wasserfälle sind zwischen Gion und Kiyomizu-Tempel in jedem Tea-Room zu besichtigen; inmitten der Schaumbläschen spielen gescheckte Zierkarpfen und lassen sich mit Krumen füttern.

Es ist eine ausgestorbene Kunst geworden, den Wasserfall auf meiner dürftigen Briefmarke immer noch stürzen zu lassen, wohin er will. Er muß es inzwischen auch ohne Briefmarke tun, denn ich besitze sie längst nicht mehr. Über den damaligen Wert (Fr. 0.01) dürfte sie im Zuge der Inflation hinausgelangt sein, wenn auch nicht allzu weit. Sie war im Japan der Kriegszeit eine ordinäre Serienmarke, wie etwa gleichzeitig das Schloß Chillon (rot oder braun) auf unserer Insel-Schweiz. Würde ich immer noch Briefmarken sammeln, der Wasserfall wäre ganz leicht wieder beizubringen. Nur weiß ich, käuflich darf er mir nun nicht mehr sein.

Der Sohn des Markenhändlers von damals hat meine Liebe aus der sechsten Klasse geheiratet. Er ist, wenn seine opulenten Auktionskataloge nicht täuschen, von den damals halb geschenkten »100 Verschiedene / Ganze Welt« nicht arm geworden.

Hansi, Ume und ich

Das erste richtige Buch, das ich – den Bilderbüchern entwachsen – als kleiner Junge gelesen habe, hieß: *Hansi und Ume unterwegs.* Zweihundert Seiten lang war ein Schweizer Lehrerssohn namens Hansi, wie ich einer war, auf der Reise in ein Land auf der andern Seite der Welt. Er hatte ein unglaubliches Glück gehabt: das fremde Mädchen, das für kurze Zeit die Klasse im Dorfschulhaus am Zürichsee (bald würde es mein eigenes Schulhaus sein) besuchte und Ume hieß, hatte sich gerade ihn, den stillen Jungen, als Begleiter und Spielkameraden für die Reise in ihre andere, entfernte Heimat ausgewählt. Ihr Vater war ein erfolgreicher Schweizer Textilkaufmann, ihre Mutter aber stammte aus jenem fernen Land. Und alle zwei Jahre wechselte die Familie ihren Wohnsitz von einer Seite der Erde zur andern.

Der erste Band (denn es gab noch einen zweiten) handelte von dieser Weltreise, die viele Wochen dauerte. Sie führte durch Frankreich und über den Atlantischen Ozean nach New York, quer durch den nordamerikanischen Kontinent und schließlich über ein zweites, noch größeres Meer. Und wo die Familie mit ihren Dienstboten und den zwei Kindern schließlich ankommt, ist alles anders. Die Menschen im Zug sitzen auf ihren Absätzen. Sie essen ihre Nudeln mit Stäbchen aus kleinen, mit Schilfblättern ausgelegten Holzschachteln und bezahlen dafür mit Münzen, die in der Mitte ein Loch haben. Es ist ihnen erlaubt zu schlürfen, so laut sie wollen. Kimono-Damen rauchen Pfeifen, dünn wie Bleistifte, und überall im Waggon stolpert Hansi über Spucknäpfe aus Messing. In der Stadt, wo Umes Mutter (»Mamatschan«) geboren wurde, sind die Häuser aus Holz und sehen wie kostbare Scheunen mit schweren Dächern aus. Die fremde Großmutter, die sie empfängt, hat geschwärzte Zähne, und wenn sie winkt, bewegt sie die Hand in der verkehrten Richtung, als wolle sie Hansi wieder verscheuchen. Dabei ist sie überaus freundlich und höflich, wie alle Menschen hier, die sich immerzu voreinander verneigen. Und sie bewundert, wie alle, Hansis blondes Haar. Die Villa, in der er jetzt wohnt, hat Wände aus Papier, durch das die Kinder ihre Finger bohren, ohne daß jemand sie ausschimpft. Die meisten Räume kann man nicht verschließen, aber wenn Hansi aus Versehen in das besetzte Bad hineintappt, braucht er nicht rot zu werden. »Hier schämt man sich nur, wenn man schmutzig oder böse ist, sonst nicht.« Die wenigen Schlösser, die es im Haus gibt, sind Geduldspiele aus Holz, die man mit geschickten Fingern und ohne Schlüssel lösen muß. Alle schlafen auf Matten aus Reisstroh. Hansi bekommt zwar ein richtiges Eisenbett, aber zur Begrüßung steht ein Rotkohl in der Vase daneben, und Hansi muß lernen, daß ein Rotkohl schön ist wie eine Rose. Nachts gehen Wächter mit einem Glöckchen am Hals um das mit Holzläden dicht verschlossene Haus und warnen die Diebe, die über die Dächer huschen. Friedhöfe sind wunderbare Kinderspielplätze, nur vor den Schlangen muß man sich in acht nehmen.

Hansi lernt auf den Ausflügen mit seiner neuen Familie noch andere merkwürdige Tiere kennen. In Nara gibt es einen heiligen Schimmel, dem man ein Geldstück hinlegt; dafür reicht er einem mit vorsichtigem Maul ein Papier, auf dem einem die Zukunft vorausgesagt wird. Oder singende Kinder in prächtigen Kleidern tragen Glühwürmchen, die sie in kleinen Holzkäfigen gesammelt haben, durch die sommerliche Nacht. Oder Hansi hat Mitleid mit dem Goldfinken, den ein Fallensteller als Lockvogel verwendet, um andere Vögel auf seine Leimrute zu locken. Hansi wirft weichgekaute Papierkügelchen nach dem Kopf einer großen Buddhafigur vor dem Tempel; wenn eines haften bleibt, darf er sich etwas wünschen, und obwohl ihn das fremde Land verzaubert, wünscht er sich doch immer wieder nach Hause. Umes Papa besitzt ein herrschaftliches Auto mit Chauffeur, dem die zahllosen Rikscha-Kulis ehrfürchtig Platz machen und hinterhersehen. Hansi fährt mit Ume und ihren Eltern zur Sommerfrische in die Berge, auf denen die Feuerlilien blühen, und er denkt sich dazu: »Fast wie daheim, nur wieder ganz anders, und doch auch schön.« An seinem Ferienort aber erlebt er ein Erdbeben, das die schöne Fremde über Nacht zum Alptraum macht. Zwar gelangen Hansi und Ume in überfüllten Zügen heil wieder in die große Stadt zurück, aber dort erwischt sie der Typhus und legt sie für viele Wochen ins Bett. So kommt es, daß Hansi einen Teil seiner Zeit im fernen Land verschläft. Ganz unglücklich ist er darüber nicht, denn jetzt ist ja auch die Heimkehr um so vieles näher gerückt. Ich aber, der kleine Leser, hatte inzwischen schon fast das

Ende des zweiten Bandes erreicht, der den Titel trägt: *Hansi und Ume kommen wieder.* Das taten sie, wirklich und wohlbehalten, und auf den letzten Seiten durfte Hansi wieder in die Arme seiner Mutter sinken. Sie hatte sich große Sorgen um ihn gemacht.

Es war nicht meine Mutter; und doch war es mein Elternhaus. Denn die Autorin war meine längst erwachsene Halbschwester, die als junge Hauslehrerin in den zwanziger Jahren nach Japan gereist war und das große Abenteuer später in diesen Hansi-und-Ume-Bücher schilderte. Die Briefe, die ihr unser Vater damals ins ferne Land schrieb – ich habe sie geerbt, ihre eigenen sind verlorengegangen –, zeichnen ein weniger helles Bild. Das Verhältnis zu ihren neureichen Brotgebern und den verwöhnten Kindern war nicht glücklich –, und voller Konflikte blieb auch das Leben »zu Hause«.

Hansi und Ume ist ein Märchenbuch. Die schön gefärbte und auch kolonialistisch verzeichnete Fremde war ein geheimnisvolles Niemandsland – eine Welt des Trostes für fehlende Geborgenheit in der Familie. Davon habe auch ich in meiner Kindheit nicht allzuviel gehabt. Gerade darum muß sich »Japan« in meiner Phantasie mit »Heimkehren« verbunden haben.

Der kleine Leser fand in der niedlichen Welt aus Papierwänden, Lackschalen und Puppen ein Mutterland, das sein Heimweh stillen mußte – ein Gefühl, das Kinder, die zu Hause daheim sind, nicht kennenlernen.

Ich aber wünschte mir, eines Tages, wie Hansi und Ume nach Japan »unterwegs« zu sein. Für mich war es das gelobte Land, in dem ich zu mir selber kommen würde. Die Reise nach Japan sollte mich in die andere Hälfte der Erde führen, eine Fremde, die mir nicht fremd bleiben durfte. Dort mußte der Schatz versteckt sein, der mir zum Reichtum eines ganzen Lebens verhalf. Was mir zu Hause fehlte, suchte ich in »Japan«.

Ist es ein Wunder, daß ich mich später, zu Hesses *Morgenlandfahrern* zählte? Daß ich mir meine Jugendlieben danach aussuchte, ob sie als Mitreisende in Betracht kamen? Meine längste Liebe war Textilgestalterin und ließ nur Objekte und Verhältnisse gelten, welche die Gute Form kannten – an ihr aber hing immer eine Erinnerung Japans. Wir suchten seine Spuren in der europäischen Kunst und Architektur, die wir liebten, in den Bildern von Degas oder Toulouse-Lautrec, weil ihre Linien von denen des japanischen Farbholzschnitts inspiriert waren.

Wir fanden unser Japan in den gedehnten Pflanzen des Jugendstils und in der methodischen Schlichtheit des Bauhauses. Gegen Gelsenkirchener Barock und Zopfstil spielten wir die Durchsichtigkeit der funktionellen Form aus, die Delikatesse einfacher Verhältnisse – vielleicht, weil unser Liebesverhältnis nie so recht einfach werden wollte.

So wurde »Japan« zum zweiten Mal mein Heimweh-Land.

Wir blieben kein Paar. Meine erste Ehe führte mich nach Japan, an dem sie zerbrach; unser Sohn aber wurde in Tokyo geboren, ist als Mann dorthin zurückgekehrt und hat jetzt selbst ein Kind mit seiner japanischen Frau. Als ich, damals in seinem Alter, allein nach Europa zurückkam, mußte die Frau, mit der ich leben wollte, Hansi heißen. Ume war damals noch weit entfernt.

Meine Jugendliebe aber heiratete einen Mann, der die fernöstliche Architektur zu seinem Beruf gemacht hatte. Ich hätte ihn nicht kennengelernt, wäre er nicht in der Kindheitserzählung einer japanischen Freundin aufgetaucht. Ihre Großmutter hatte ihn, als er selbst noch ein junger *Morgenlandfahrer* gewesen war, in ihrem Haus beherbergt. Dieses Haus aber lag nicht weit von der Villa in Kyoto entfernt, in der meine Halbschwester dreißig Jahre zuvor ihre beiden schwierigen Schützlinge unterrichtet hatte. Ich bin sicher, Umes Mutter-Haus hinter dem Kurodani-Tempel ausgemacht zu haben, wiederum nur ein paar Schritte von meiner Gastwohnung hinter dem Okazaki-Park entfernt. In diesem alten Garten-Haus zwischen Zoo, Love Hotels und Mizoguchis Grab wurde der Film *Deshima* nach meinem Szenario gedreht – beinahe schließt sich der Kreis, den Hansi und Ume meinem kindlichen Wunsch nach Geborgenheit gezogen haben.

Aber nun bleibt er offen. Denn das kleine Mädchen, das den späteren Mann meiner Jugendliebe durch den großmütterlichen Garten begleiten durfte, ist heute meine dritte Frau. Ume heißt sie nicht. Dafür trägt sie den Namen, den ich für die Heldin einer frühen Erzählung – einer wahren japanischen Heiratsgeschichte – gewählt hatte; es war nicht der richtige Name des Vorbilds. Mir aber scheint die Aufgabe gestellt, für verschobene Namen passende Plätze zu finden, richtig wenigstens für mich selbst. Erfinden dürfte man die Japangeschichte nicht, an der ich als Lebender dichte; meine Bücher kommen mir dagegen wie die Entzifferungsversuche eines Menschen vor, der den Text, der ihm selbst eingeschrieben ist, noch weniger kennt als die japanische Schrift.

Es ist lange her, daß ich zum letzten Mal in einem japanischen Garten gesessen bin; dabei konnte es vorkommen, daß ein Leben, in dem ich nicht mein eigenes erkannte, mich beim Blick auf einen verwitterten Stein durchfuhr, Gott weiß, wie weit her, und wo hinaus. Ich muß es nicht wissen; es ist genug, daß ich den Stein sehe. Wenn ich vorbei bin, ist er immer noch da.

Den kleinen Garten vor unserem Haus in der Schweiz halten freundliche Besucher für japanisch; das weiß ich besser. Aber die Gärten sind verwandt kraft der Gegenwart ihrer Steine; sie bleiben, denn sie wissen vom Bleibenden nichts. Aber ich habe das Glück, diese Steine zu sehen; und sie haben die stumme Gnade, sich von mir anschauen zu lassen.

Tsunami

Kürzlich wußten unsere Katastrophenmelde-Dienste von einem Erdbeben im Norden Japans zu berichten. Da sich sein Epizentrum in der Japanischen See befand, hob es eine gewaltige Flutwelle auf, die als Sturzflut über die Küsten hereinbrach und besonders auf der Insel Okushiri Tod und Verderben anrichtete. In der Folge gab es Beschreibungen des Phänomens der Tsunami zu lesen, die sich, wie früher Taifun, Kamikaze (»Wind der Götter«) oder Harakiri (das die Japaner nicht brauchen) als Lehnwort international eingebürgert hat. Die Erdbebenfluten laufen, auf offener See fast unbemerkt, mit fabelhafter Geschwindigkeit zwischen entfernten Ozeanküsten hin und her. Im unmittelbaren Wirkungsbereich erlauben sie wenigstens der beweglichen Kreatur, sofern die Zeit zur Warnung ausgereicht hat, die Flucht in höhere Lagen, während keine Küstenbefestigung genügt, die Siedlungen dahinter vor dem Verschlungenwerden zu bewahren. Die japanische Überlieferung kennt viele Beispiele von Leuten, die, bereits in Sicherheit, im letzten Augenblick noch glaubten, einen Familienschatz – neuerdings: das Auto – oder einen angeketteten Hund retten zu müssen und zurückliefen, um sich unversehens der heranbrüllenden Wasser-Wand gegenüber zu finden, vor der es kein Entrinnen mehr gab. So wenig wie für landfremde Badegäste, die, Warnungen miß- oder gar nicht verstehend, den unerwartet menschenleeren Strand genossen.

Als Gymnasiast hatte ich einen bekannten japanischen Farbholzschnitt über dem Bett aufgehängt: Hokusais »Große Woge«, die wie eine Löwenpranke von der linken Bildseite her zwei mit winzigen geduckten Menschen besetzten Booten entgegenschlägt. Das vordere durchsticht eine kleinere bergförmige Welle und stößt den Bug, wie eine Harpune, in den gebäumten Leib der riesenhaften, die den lästigen Stachel gleich unter ihrem dunklen, von Schaum zerfaserten Überhang begraben wird. Das zweite Boot schießt von rechts oben in die aufgerissene Tiefe, augenscheinlich dem gleichen Schicksal entgegen.

Im *Angehaltenen* dieses furchtbaren Augenblicks bestand der abgründige Kitzel des Bildes. Es ließ mein Bett darunter zugleich als bedrohten und sicheren Platz erscheinen. Im Schutz der von fremder Kunst gebannten Mordswelle streckte ich mich in atemloser Geborgenheit aus.

Sehr viel später, als ich der »Woge« in Museen und Sammlungen original begegnete, lernte ich ihren vollständigen Namen kennen: »Der Fuji, von Kanagawa aus betrachtet«. Natürlich hatte ich ihn schon früher bemerkt, den vollkommen symmetrischen Pyramidenberg, der sich, etwas rechts der Bildmitte, genau in der Fallinie des Wassersturzes erhob und seiner zugleich durch seine Entfernung und unendliche Entrücktheit zu spotten schien. Er war früher schon die zentrale Einzelheit, die Schlüsselfigur des Holzschnittes gewesen. Doch wie hätte ihn ein Jugendlicher, mitgefangen in der *action* des Vordergrundes, als unerschütterlichen Pol, als Fluchtpunkt der Veranstaltung sehen und deuten sollen? Aber nun war das Wellenungetüm also nichts weiter als Staffage, der aufspringende Rahmen für diesen einzigen und ewigen Berg.

Mein Blick mußte älter werden, um besser zu sehen. Der Fuji thronte keineswegs unerschütterlich hinter dem Drama des Vordergrundes, diesen Exzeß turbulenter Vergänglichkeit. Er war vom gleichen Stoff wie sie. Hokusai hat nichts unterlassen, den Betrachter auf diese Gleichung hinzuführen. Die Farbe des Ewigen Schnees ist das Weiß des aufgeworfenen Schaums; das dunkle Blau der augenblicklichen Wellenhöhlung dasjenige des Bergleibs. Die Welle im Vordergrund wiederholt – mit Unregelmäßigkeiten – die erstarrte Welle des heiligen Bergs. Und während das vordere Boot die flüchtig-rohe Naturform durchbricht, scheint das hintere Boot durch die dauerhaft-sanfte Form des verkleinerten Fuji zu stoßen. So scheint es nur, doch dieser Schein erhellt das ganze Bild. Auch die Samurai-Boote mit ihren Rudermannschaften sind nur scheinbar verloren – mit dem Zusatz: wäre das kein Wellengang, sie wären nicht minder scheinbar in Sicherheit.

Das »Nur« an dieser Scheinbarkeit ist offenbar unzureichend und entspringt einem westlichen Seh-Fehler. Schein ist alles – die Sturzwelle wie der Fuji, die Illusion der Rettung wie die Illusion des Verlusts. Davon aber – »aber«? – wird das Scheinhafte nicht irreal. »Sein« und »Schein« sind falsche, weil voreilige Alternativen, Konstruktionen eines gestörten Blicks. Das Bild ist lauter *action* und vollkommene Ruhe. Was es darstellt, ist alles, was wir sehen – aber in dem, was wir sehen, ist alles zugleich anders und mit dem, was wir sehen, vollkommen identisch.

Für diesen Sachverhalt hat das westliche Denken keine Begriffe – es sei denn anspruchsvoll-mystische, die auch da noch etwas ordnen möchten, wo alles aufhört. Hokusais populärer Farbholzschnitt erklärt ohne Pathos, daß in der Gegend, für die uns der Begriff fehlt, Alltag herrscht: Die Selbstverständlichkeit der ausreichenden Erfahrung. Sie nimmt im Entgegengesetzten keinen Widerspruch mehr wahr. Sie sieht in Woge und Berg, Leben und Tod, Sein und Nichtsein das Offenbare Geheimnis der Identität. Was für uns kaum erschwingliche – oder geheimnistuerische – Weisheit wäre: hier liegt es am Licht; hier wird es zum Bild. Dieses war im alten Japan keine hohe Kunst. Und doch war es ein Bild für nichts anderes.

Die japanische Tradition kannte so wenig wie die unsere im Mittelalter eine Zentralperspektive. Sie situierte die Gegenstände nach ihrem Wert für den Betrachter. Der große Fuji: unberührt von der Wellengewalt. Die Bootsleute: klein vor beidem. Die Boote: groß im Kampf mit dem Element. Klein und groß: gleich viel.

War mein Gymnasiastenblick auf Hokusais »Fuji, von Kanagawa aus betrachtet« doch der genauere gewesen? Damals war mir der Fuji so gut wie entgangen, vor lauter Wellen. Aber um auf das falsche Richtige von einst zurückzukommen, mußte ich später doch erst das richtige Falsche begriffen haben.

Damit der Fuji sich bewegen kann, muß die Welle das Stillstehen lernen.

Wo aber ist Kanagawa? Auf dem Bild Hokusais ist nichts davon zu sehen. Das kann nur heißen: der Ausblick von Kanagawa ist von jedem Auge besetzbar, und bleibt offen, an allen Orten der Welt.

Japan – Versuch eines fraktalen Porträts

»Was fruchtbar ist, allein ist wahr« – wären Goethes Sätze dafür gut, unbedenklich nachgebetet zu werden, so könnten wir's uns mit unserem Japan-Bild bequem machen. Denn seit Kolumbus auf dem karibischen Guanahani das Land der Goldenen Dächer suchte, das sagenhafte Zipangu aus Marco Polos Erzählungen; seit westliche Entdecker unbekannte Küsten, nur für sie Neue Welten, mit ihren Träumen, Projektionen, Feindbildern bevölkern: seit einem halben Jahrtausend also sind die Mißverständnisse, die sie dabei erzeugten, jedenfalls eins gewesen: fruchtbar – im Sinn von folgenreich – für beide Teile. Fruchtbar, ja – aber, mit einer kleinen Lautverschiebung, furchtbar auch.

Denn wo die Westmänner landeten, da veränderten sie diese Fremde nach ihrem eigenen Bild; da bogen sie, was sie sahen, mit Gewalt zurecht, bis es ihrer Vorstellung entsprach. Und wollte sich der Gegenstand ihres Interesses diesem gar nicht fügen, so löschten sie eher den

Gegenstand aus, als daß sie ihr Interesse erzogen, entwickelt – oder gar beiseite gestellt hätten. Denn ihre Eigenmacht, und zwar in der massivsten Form, war das Maß aller Dinge; und sie, sie allein, waren der voll entwickelte Mensch, der dieses Maß über alle andern verhängen durfte, ja zu verhängen verpflichtet war.

Der befugte Kolonialherr und der heilbringende Missionar: das war das Doppelgesicht, das der Weiße Mann allem zuwendete, was nicht war wie er; und das hieß: was der Zivilisation, der Fürsorge, der Anleitung und Zurechtweisung bedürftig schien. Eine fruchtbare, eine furchtbare Art, Wahrheit zu stiften, nämlich die eigene und einzige; nur wahrzunehmen, was uns glich, und wahrzumachen, was uns paßte: so wie man ein Versprechen wahrmacht – und eine Drohung.

Zipangu-Nippon, die Inseln, die Kolumbus auf seinem Weg nach Indien gesucht und nicht gefunden hatte, sollte der westlichen Wahrheitsfindung noch lange verschlossen bleiben. Und als sie davon berührt wurden, blieben sie in hohem Maße fähig, selbst zu bestimmen, wieviel davon sie vertragen konnten, zu ertragen bereit waren. Japan, heißt das, blieb länger »Fremde«

für den Westen – ohne daß seine Eingeborenen darum unentwickelt blieben – ganz im Gegenteil. Das war eine Provokation – und sie hält an, bis auf diesen Tag.

A riddle wrapped in a mystery inside an enigma – Churchills Japan-Bild in seiner Mischung aus Respekt und Unverständnis, Faszination und Widerwillen hatte ein langes Vorleben im Klischee der »Gelben Gefahr«, bevor es sich zum *»Défi japonais«* auswuchs und dabei nichts von seiner Unheimlichkeit verlor. Ein wilhelminisches Tableau zeigt den Kaiser in schimmernder Wehr als Fels gegen die drohende Brandung aus dem Osten. Diesmal muß das Abendland vor dem säbelschwingenden Buddhismus gerettet werden. Real an der absurden Ikone war das Trauma des europäischen Imperialismus, der 1905 in Dairen und Tsushima eklatante Niederlagen gegen eine bisher marginale »gelbe« Macht bezogen hatte – was man sich vorläufig nur mit deren stupender Fähigkeit zur Nachahmung westlicher Technik erklären konnte. Das nächste Klischee war in der Welt: das des unverschämten Lehrlings und professionellen Industrie-Spions, der durch Disziplin ersetzt, was ihm an Originalität abgeht.

Dabei fuhr auch längst ein Gegenzug: die

europäische Kunst hatte begonnen, die japanische nachzuahmen. Ein anmutiges Phantom verzauberte westliche Ateliers und Interieurs: der Japonismus. In den Reklamezetteln des Kabuki-Theaters entdeckte man eine neue Welt der Bilder; in Waffenkunst und Teezeremonie einen subtileren Sinn des Lebens.

Im Zweiten Weltkrieg verbanden sich die drei Komplexe, der industrielle, der militärische und der ästhetische, zu jenem unbegreiflichen Phänomen, das Churchills Bonmot illustriert. Der blutjunge Zero-Fighter-Pilot, der zu Hause seinen Ahnen opfert und dann auf dem Kriegstheater sich selbst; der General, der ein 17-Silben-Gedicht über Wolken und Tau auf Reispapier tuscht, bevor er sich den Bauch aufschlitzt: dieses Japan schien ebenso unfaßbar wie die japanische Reaktion auf die Radiostimme des Tenno, die den Widerstand so plötzlich beendete, daß die auf alles gefaßten Amerikaner ins Leere stießen und ein Land betraten, das bereits zum Schulzimmer umgebaut war: da herrschten scheinbar eitel Höflichkeit und Lernbereitschaft. Damit nicht genug: im Schutz der Niederlage, im Schatten des Kalten Kriegs, doch von militärischem Aufwand entlastet, entwickelte sich dieses Japan zielsicher zur ersten

Wirtschaftsmacht der Welt. Es eignete sich die Symbole westlicher Größe immer weniger symbolisch an: von den Sears Towers bis zu van Goghs Schwertlilien, von den Paramount Pictures bis zum Hotel »Vier Jahreszeiten«. Man begegnete ihnen jetzt überall auf der Welt, den japanischen Gesichtern – aber das japanische Gesicht schien unsichtbarer denn je.

Und doch ist alles noch da: der Verdacht, es könne sich bei dieser phantastischen Aufholjagd um eine Art Kriegslist oder eine Fata Morgana handeln; als verstecke sich darunter ein anderes, das wahre Japan, eine zugleich disziplinierte und labile, jedenfalls unberechenbare Mutation der Menschheit, halb Roboter, halb Samurai. Dieses Japan, das seinen Computern *Fuzzy logic* beigebracht und seine siegreichen Autos damit bestückt hat, wirkt auf seine Betrachter selbst wie eine einzige von Energie flimmernde Unschärfe. Über kein Gastland der Welt sprechen niedergelassene Ausländer je länger, desto fasziniert-ratloser als über das *Empire des signes*, dessen Zeichen man offenbar nur mißdeuten kann. Japan scheint ein Objekt, das im strengen Sinn nicht »Gegenstand« werden will; eine Eigenschaft, die es teilt mit den Quarks einer submikroskopischen Physik, die sich wie ein Prozeßbericht ihrer eigenen Ratlosigkeit las – bevor sie, mit Hilfe der Chaos-Forschung, auf den zugleich phantastischen und schlichten Einfall kam, diese Eigenschaft hätten die Sub- und Transmaterien womöglich mit andern, ja mit allen lebendigen Formen gemein – mit einer Wolke, einer Küstenlinie, einem Blumenkohl oder einem Liebesgeflüster. Oder mit Japan.

Bei dieser Revision einer Wahrnehmung darf man auch an eine klassische Definition des Witzes denken: Kants »Auflösung einer gespannten Erwartung in nichts«. Und braucht dieses Nichts dann nur noch groß zu schreiben, um sich unvermittelt ins Zentrum fernöstlicher Weisheit zu versetzen. Churchills ärgerliches Bonmot wird beinahe adäquat – *a riddle wrapped in a mystery inside an enigma* –, wäre nur die japanische Puppe eine russische Matroschka und nicht ein kompaktes – und undurchsichtiges – Kokeshi. Jeder Japan-Augur lernt sie kennen, die höfliche Verblüffung, welcher seine Mutmaßungen über Japan begegnen. Das Lächeln dazu wird er immer weniger als Anerkennung mißverstehen. Eher verbirgt es Scham über unnötige Liebesmüh und überflüssige Indiskretion.

Die Dinge so betrachten heißt offenbar: sie zu genau zu betrachten. In Japan ist man, wie mir scheint, besonders wenig auf Selbstreflexion erpicht. Es gehört dort zur Lebensart, einengende Fragen ebenso zu vermeiden wie sogenannte letzte Antworten – zumal in eigener Sache. Mehrdeutigkeit – *Fuzzy logic* – ist da zu lange also soziale Tugend eingeübt, der Landessprache zu tief eingefleischt; für das Ethos der Klarheit, das Pathos der Entscheidung fehlt das Organ. Das biblische Ja, ja; Nein, nein klingt in japanischen Ohren ebenso exotisch wie für unsereinen das japanische Problem, auf die Frage: Tee oder Kaffee? ohne Verlegenheit zu antworten. Entscheidungen trifft man nicht, sie müssen sich selbst gemacht haben, sonst stehen sie im Geruch von Willkür und Präpotenz. Man traut Yin, der Kraft, die gewähren läßt, nicht weniger zu als Yang, der Kraft handelnder Aktivität. Im Westen neigen wir dazu, an dieser Praxis des Fließ-Gleichgewichts zuerst Mangelhaftes zu bemerken – Mangel an Selbständigkeit, Individualismus, Charakter. Die japanische Insularität liefert uns dann den Passe-partout dazu – das Kuriosum einer über ein Vierteljahrtausend kultivierten Isolation. Wir sehen nicht die Geborgenheit, eher die Gefangenschaft in einem Regel- und Normenwerk, das autonome Akte seiner Teilnehmer als Egoismus und Asozialität, als ein »Aus-dem-Rahmen-Fallen« bestrafte; in dem eigenmächtige Liebe so wenig tragbar war wie die falsche Farbe eines Kimonos.

Das Kuriosum ist nicht zu leugnen – und die vielleicht größte Leistung seines Systems bestand wohl darin, daß es sich als System der Wahrnehmung seiner Teilnehmer entzog. Es war einfach die Organisation des Selbstverständlichen. Soweit der Austausch mit dem ganz Anderen – dem barbarischen Rest der Welt – unvermeidlich oder unerläßlich war, beschränkten ihn die Systemwächter auf eine künstliche Insel innerhalb des insularen Kosmos: Deshima, Exterritorium umd Ghetto zugleich, eine rationierte Außenwelt, welche die regulierte Innenwelt nicht überschwemmen durfte. Da verhandelte man mit ihr, und da kaufte man sich zugleich von ihr los. Zwar hat auch schon in der Feudalzeit – etwa im Kabuki, der Bühne der verachteten, aber reichen Händlerkaste – der Geist von unten gegen Reglement und Zensur aufbegehrt. Aber er suchte seine Zuflucht in keinem Bürgerrecht, sondern im Recht zu eigenem Gefühl. Klage über die Vergänglichkeit alle Blütenträume, aber nicht die Rechtsklage des Barbiers von Sevilla. Die einzige Systemfreiheit war diejenige, die sich selbst sühnte – etwa im gemeinsamen Selbstmord der Liebenden. Wo die westliche Aufklärung die Freiheit zu ihrer Ultima ratio erklärt, erhebt sich in Japan die Größe des Todes – aber auch der sogenannte Freitod zeugt immer noch weniger von Freiheit als von Verpflichtung und Schuldigkeit.

Inzwischen ist sie zweimal untergegangen, diese keineswegs heile, aber in ihren Spannungen kontrollierte, ihre Konflikte ausbalancierende Welt: einmal nach der Landung der Schwarzen Schiffe Commodore Perrys vor bald 150 Jahren; dann mit der Kapitulation im August 1945. Aber Japan ist untergegangen nicht wie eine »Titanic« im offenen Meer, das keinen Fehler verzeiht, sondern eher wie ein Land bei Überschwemmung, aus der es keineswegs als dasselbe und doch als das gleiche immer wieder auftaucht: von den Katastrophen eher befruchtet als zerstört. Der Eklat löste aus – oder beschleunigte gar – einen Prozeß, auf den die kulturelle Tiefenstruktur vorbereitet gewesen sein muß; denn er schien sie erst recht zu aktivieren und setzte ihre potentiellen Energien in kinetische um, und zwar ohne daß die Steuerung des Systems überfordert war. Es schien auf diese Bewährung nur gewartet zu haben.

Im modernen Japan stößt die futuristische

Megalopolis unvermittelt an das ländliche Reisfeld, steht der Glaspalast neben der Hütte, deren Komfort – von der allgegenwärtigen Elektronik abgesehen, und natürlich dem teuren Wagen, – etwa dem eines portugiesischen Fischerdorfs entspricht. Eine koloniale Topographie auf den ersten Blick – bei etwas näherer Bekanntschaft stellt man fest, daß man vom typischen Entwicklungsland, heiße es auch Korea oder Singapur, nirgends weiter entfernt sein kann. Das Erscheinungsbild Japans mag heterogen sein, wie es will – das Bewußtsein, das es bewohnt und nützt, registriert keinen Widerspruch daran. Da kann – so ein Titel der ersten auf Deutsch übersetzten Nachkriegslyrik-Anthologie – ein Ladekran »melancholisch« heißen, wie früher das Gras auf einem Schlachtfeld des Mittelalters. Oder: daß eine Baustelle nicht »Natur« sei, ist der Schriftstellerin Tawada Yoko erst nach ihrer Übersiedlung nach Hamburg beigebracht worden. Japan braucht seine Identität nicht zu »bewahren« – das tut es viel weniger, als dem Nostalgiker lieb ist –; es erneuert sie in jedem neuen Werkstoff, es stellt sie im fließenden Fortschritt immer wieder her. Es verfügt über die plastische, quasi-animistische Energie, fremde Materien mit altem Eigensinn zu beseelen, unvertraute Lagen nach bekannten Mustern umzubilden. Die japanische Antwort auf das Inkommensurable von Teezeremonie und Cyberspace, Management-Training und Reinigungsritual ist – *keine* Antwort; denn schon die Frage dazu leuchtet den Japanern nicht ein. Daß inzwischen auch unsere Manager Esoterik-Workshops besuchen, durchaus mit Gewinn fürs Geschäft, läßt die Frage, was da wohl überholt und was modern sei, in interessantem Licht erscheinen. Die japanische Leistung, technische Innovation immer neu an soziale Integration zu binden, garantiert eine fast unbegrenzte Elastizität und Reaktionsfähigkeit der Gesellschaft.

Solange Fremdkörper in der Dingwelt auftreten, werden sie mühelos japanisiert – etwas anderes ist es wohl mit Fremdkörpern im personalen, im menschlichen Bereich. Hier erkennt das System reflexartig, wer dazugehört und wer nicht: ein abweichendes Muster, das nicht von allen getragen werden kann, wird dem Einzelnen nicht abgenommen.

Trotz seiner auf deutsch unfein »Sekundärtugenden« genannten konfuzianischen Qualitäten ist Japan nicht Preußen, und sein System erwartet keine Lückenlosigkeit. Leerstellen, undefinierte Räume besetzt es nicht sogleich mit

Moral. Es toleriert viel, was es nicht erlaubt: die Regression in kindliche Schwächen, den Rückfall in Wünsche, die von Tugend nichts wissen, in die Narretei, den Rausch, den kleinen Wahnsinn. Ist die Katze aus dem Haus, dürfen die Mäuse tanzen – am festgesetzten Tag, an dem der Zen-Abt das Kloster verläßt, tun die Mönche fast alles, was die Regel verboten hat. Er weiß es, doch er muß es nicht wissen; dazu hat er das Kloster verlassen. Das Regel-Werk funktioniert anpassungsfähig dank der Ausnahmen, welche die Regulierten ihren jeweiligen Überich-Instanzen abhandeln; dafür nötigen sie ihnen die Züge der verzeihenden Mutter auf. Kann diese gar nicht billigen, was da läuft, so dreht sie ihm eben den Rücken. Hier nach »Konsequenz« zu rufen wäre ein unnötig starkes Stück von Wichtigtuerei. So solide, so gewichtig ist das Selbst nicht, also braucht es auch nicht immer ein Gesicht zum Verlieren. Wo die Moral hundertfältig ist wie die Gestalten Buddhas, erübrigt sich Entrüstung über eine (bloß) doppelte Moral.

Es steckt allerhand Lebensklugheit, Respekt vor dem Menschlich-Konkreten – und es steckt keine großartige, aber eine wirkungsvolle Anthropologie in dieser Koexistenz von Anforderung und Lizenz, von Packen-Müssen und Lassen-Können. Wenn die japanische Lebensart keine abstrakten Imperative verträgt, verträgt sie sich um so besser mit dem, was Kleist »die gebrechliche Einrichtung der Welt« genannt hat. Wer sie mit Idealen erpreßt, wer mit den Provisorien unserer Existenz nicht fehlerfreundlich umgehen kann, der wird ihr auch das Mögliche an Leistung nicht abgewinnen.

So könnte Churchills Rätsel, vom rechten, nämlich beweglichen Standpunkt aus betrachtet, wie das Ei des Kolumbus aussehen. Nur: ganz so leicht zu übernehmen ist es nicht, wie diesmal die westlichen Nachahmer erfahren. Offenbar muß man aus einer sehr langen und eigentümlichen Geschichte sehr viel dafür mitbringen. Freilich: Japan zu idealisieren dürfte ebenso töricht sein, wie es zu mystifizieren oder zu diabolisieren. Es wäre schon viel, wenn man auf das japanische Zukunftspotential einmal anders aufmerksam würde: in seiner Kombinationskunst von Armut und Reichtum. Damit meine ich jetzt nicht: Rohstoffarmut und Super-Industrialisierung. Ich meine auch nicht die japanische Spezialität, Effizienz auf der Basis vorindustrieller, im Kern: feudaler Einstellungen zu ermöglichen: Zusammengehörigkeitsgefühl und Familiensinn. *Japan incorporated*, das heißt: die in den Marktmechanismen gewinnbringend statt hemmend eingebaute Staatsquote – vielmehr: die korporative Verwaltung des gesellschaftlichen Konsenses – imponiert uns zwar ebenso durch ihr Integrations- und wie durch ihr Steuerungsvermögen. Trotzdem ist diese Variante des »verantwortungsvollen Kapitals« kaum übertragbar, sie stellt gewissermaßen die private Seite des japanischen Wunders dar. Was die Weltöffentlichkeit aber interessieren muß, ist der japanische Beweis, daß eine immer noch steigerungsfähige Produktivität nicht unvereinbar sein muß mit einer Disziplinierung des Anspruchs. Denn so sehr die Japaner heute dem Konsumdenken verfallen scheinen: erstaunlich viele Regeln der Selbstbescheidung sind wirksam geblieben. Die Marktkräfte sind geimpft mit etwas wie sozialer Intelligenz.

Das heißt, Japan hat den wirklichen Entwicklungsländern etwas zu bieten, was über die barbarischen Alternativen hinausgeht: Selbstverlust oder Elend; Hunger oder ökologische Katastrophe. Japan zeigt vor, wie sich drohende Explosionen – Bevölkerung, Ansprüche, Modernisierung – auffangen, platzsparend und raumschonend zivilisieren lassen. Die japanischen Inseln sind eine *Titanic*, die bei allem Wettbewerbsehrgeiz (noch?) auf keinen Eisberg gelaufen ist. Sie scheint über eine psychologische Steuerautomatik, über soziale Verhaltensnormen zu verfügen, die auch dem Schönen und Feinen Raum gönnen – knapp, und doch ausreichend für ein menschliches Leben und ein ziviles Zusammenleben.

Vielleicht sollten wir darum diesem Japan weniger verargen, wenn es sich taub stellt gegen moralische Alternativen, die uns zwingend scheinen; wenn es sich seine ökonomische Zuversicht, die ihre opportunistische Seite hat, nicht verbittern läßt. Positionen, in denen es kein Profil zeigt – oder was wir im Westen dafür halten –, könnten Zukunft haben; die Nicht-Definition seiner geopolitischen Verbindlichkeiten ihre Weisheit. Japan will – frei nach Brecht – kein Rückgrat zum Zerbrechen. Was wir für nichts als robusten Profitsinn halten, ist vielleicht eine – gar die einzige – funktionierende Schaltstelle zwischen Erster und Dritter, Vierter Welt. Die Armen finden ja, wie es scheint, die Sprache des Geschäftsmanns weniger anstößig als die Sprache der Missionare. Es ist ein unansehnlicher, ein kleiner Nenner, auf dem sich Japan mit dem Rest der Welt trifft, aber möglicherweise ein tragfähiger und ausschlaggebender.

Ich stelle mir vor, daß die Menschheit in diesem japanischen Laboratorium die Chance ihrer Überlebensfähigkeit testet. Es hat seine Logik, und vielleicht seine Gerechtigkeit, daß diese Überprüfung nicht mehr auf dem Boden jener Humanität stattfindet, die wir die abendländisch-christliche nennen. Aber die Zeit ist vorbei, wo man finden konnte, Japan habe »uns« die Fackel des Prometheus entwendet. Es treibt die technologische Zivilisation weiter, auch weiter als uns geheuer ist; wir haben Grund zur Sorge, zur Neugier, zum Interesse, wie Japan das Saatgut der Zivilisation verwaltet. Da es gelernt hat, Inkommensurables wertungsfrei nebeneinander gelten zu lassen, könnte es dem Chaos, das wir fürchten, eher gewachsen sein. Vielleicht bildet es darin jene Muster aus, die wir in den fraktalen Figuren bestaunen: Bilder geordneter Turbulenz. Sie gleichen nicht mehr dorischen Säulen oder Figuren cartesianischer Logik. Viel eher erinnern sie an tibetische Mandalas oder Wolken am Himmel – oder eben an die Vieldeutigkeit jedes menschlichen Akts. Sie stimmen zur Unberechenbarkeit unserer Existenz. Diese mit Eigentümer-Allüren zu vermessen ist bisher nicht ohne Vermessenheit abgegangen. Japan hat es anders angefangen. Die Ressourcen seiner Kultur – eingeschlossen die Erfahrung von Hiroshima und Nagasaki – könnten es besser dafür aufgerüstet haben als uns, die begründete Angst des Menschen vor sich selbst zu relativieren. Vielleicht tun wir nicht übel daran, auf die heimliche Vernunft der japanischen »Unvernunft« zu setzen.

Erinnert man sich noch an Herrn Ulbrichts vielbelachte Devise, es gelte den Kapitalismus zu überholen, ohne ihn einzuholen? Bei der Preisaufgabe, Japan zu folgen, ohne es nachzuahmen, ist dem Westen das Lachen vergangen – vielleicht beginnt er dafür das Lächeln zu lernen; aber nicht das japanische: eher das Lächeln des Achill, als er feststellte, daß er die Schildkröte mit aller Schnelligkeit nicht einholte. Dann muß ihm die Geschichte vom Hasen und vom Igel einfallen. Das Geheimnis besteht darin, dort, wo man hinwill, schon da zu sein. Das aber ist keine Sache der Beine, sondern der Umsicht, des geduldigen Überblicks, der Phantasie.

Zwei Geschichten und ein Faktor X für Tadao Ando

Meine Damen und Herren,
ich stehe nicht als Architekturkritiker vor Ihnen, sondern als Schriftsteller, d. h.: als Berufslaie. Zu meinem Geschäft gehört es, Zeichen zu lesen (auch solche, die nur in der Luft liegen) und dann Zeichen zu schreiben. Bei mir nehmen sie die Form von Geschichten an. Ich werde Ihnen heute also zwei eigene Geschichten erzählen, in denen Tadao Ando eine Hauptrolle spielt. Dafür habe ich nicht um seine Erlaubnis gebeten und bitte ihn – und Sie alle – um Nachsicht. Ich werde, in anmaßlicher Bescheidenheit, vor allem von meinen Erfahrungen reden. Die Geschichte aber, in der sie ihren Sinn erhalten, ist weitläufiger als meine Biographie. Es ist ein Stück Geschichte der Moderne.

Vielen von Ihnen erzähle ich heute nichts Neues. Nicht einmal die Tatsache, daß »Moderne« inzwischen ein historischer Begriff, der Name für eine Stilepoche geworden ist, wie

Renaissance oder Barock, ist eine Neuigkeit. Meine Geschichten handeln vom Widerstand, den ich dieser Entwicklung leiste, immer noch. Denn in meiner späteren Jugend, den Jahren meiner Gefühlsbildung, gab es sie noch, die Moderne, und im Herzensgrund weigere ich mich, sie ad acta zu legen. Ich habe keinen Ersatz dafür. Die Postmoderne, die mir angeboten wird, empfinde ich bis zum Widerwillen als eben das: als Ersatz. Aber so konservativ kann ich auch als Moderner nicht sein, daß ich die Moderne nur loben möchte, im Gegenteil. So weit sie mit einer Utopie im Bunde war, hat sie sich an einem umfassenden Elend schuldig gemacht. Es lastet, spätestens seit der Abdankung des Sozialismus, ein Fluch auf jedem Programm, das weiß, was für andere, für alle Menschen gut ist. Der nobelste Entwurf hat sich in jedem seiner Praxisversuche als Zumutung für die Begünstigten erwiesen – um nicht gleich von Horror und Terror zu sprechen.

Ich wünschte, ich könnte die Götter und Heiligen meiner eigenen Jugend von diesem Utopiebankrott ausnehmen. Es sind auch – und sogar an erster Stelle – große Architekten darunter; ich kann es leider nicht. Noch weniger freilich kann ich mich an der Beliebigkeit schadlos halten, die an die Stelle der großen Entwürfe getreten ist.

In diesem Dilemma hat mir das Bauen von Tadao Ando gutgetan. Ich möchte ihn dafür als Brückenbauer feiern: zwischen dem Entwurf, der nicht – nicht mehr – geht; und einer Architektur, die es dennoch gibt. »Dennoch« ist schon falsch, denn ich finde keinerlei Trotzleistung, überhaupt keine Form von Behauptung in Andos Bauen. Dafür macht er von den Entwürfen, die mir, dem westlichen Betrachter, ins Zwielicht geraten sind, einen gelassenen, einen unbefangenen Gebrauch. Aus Zwielicht macht Ando wieder Licht – aber es stammt aus einer anderen Quelle. Es ist, sehe ich recht, nicht diejenige der Aufklärung; es ist älter und elementarer.

In unserem Wohnzimmer hing lange ein Plakat von der Ausstellung eines kürzlich verstorbenen Architekten, den Sie als Schriftsteller besser kennen: Max Frisch. Auf seinem Porträt ein Zitat, das für ihn ungemein typisch war: »... so und nicht irgendwie«. Er kam – als Zeitgenosse, aber auch als Architekt – vom Bauhaus her. Das hieß mehr als funktionale Form und Geschmack am richtigen Material. Das hieß: verbindliche Lebensgestaltung unter den Bedingungen der Industrieproduktion. Und es hieß soziale Verbindlichkeit der Guten Form; nicht nur Design, sondern Grand Design. Es hieß, mit einem Wort, modern sein, es war die Utopie der Moderne. Die städtebauliche Dimension – das heißt: die Verallgemeinerung eines Konzepts vom Menschen – war dieser Moderne eingeboren. Der Schriftsteller Frisch plädierte in den fünfziger Jahren für die Gründung einer neuen Stadt, anstelle der vorgesehenen Landesausstellung. Diese neue Stadt ist nicht gebaut worden, so wenig wie Corbusiers Paris, so wenig wie die meisten *Villes radieuses*. Sie hätten gebaut werden müssen, fand meine Generation in ihrer Jugend. Die Zeit war sich einen Entwurf ihrer Zukunft schuldig.

Nachdem ich eine der Planstädte gesehen hatte, die wirklich gebaut wurde: Chandigarh, die neue Hauptstadt des geteilten Pandschab, war ich immer noch überzeugt davon, obwohl mir ein bissiger Hund, der mich durch die endlosen Avenuen jagte, die Begeisterung sauer machte. Auch die Bewohner fingen schon an, die säuberlich in Wohnen, Arbeiten, Freizeit und Verwaltung geteilte Idealstadt zu unterwandern und in eine real existierende indische Stadt zu verwandeln. Ein eifriger junger Bewohner erklärte mir, *Monsieur Laquerbuse* werde eines Tages zurückkommen und ihnen erklären, was die monumentale geöffnete Hand in ihrem Stadtzentrum zu bedeuten habe. Ich fürchte, Le Corbusier ist so wenig nach Chandigarh zurückgekehrt wie Jesus nach Jerusalem.

Aber ich wollte Ihnen zwei andere Erfahrungen, mit moderner Architektur erzählen. Mit Le Corbusier haben die Geschichten immer noch zu tun. Die erste ist die vergleichende Geschichte zweier Lücken; die andere ist die Geschichte eines Männchens und einer Strohmatte.

Die Geschichte mit der Lücke hat sich in Ronchamp ereignet. Dahin bin ich in der Zeit meiner Moderne immer wieder gepilgert, meist in Gesellschaft einer Freundin: es war so etwas wie eine Testfahrt, ob wir je zusammenpassen würden. Einwände gegen Ronchamp waren für mich ein Grund, ein Verhältnis zu beenden.

Ich brauche Ihnen Le Corbusiers einzigen Sakralbau nicht zu schildern. Die fromme Bauherrschaft konnte mit dem Beweis, daß sich Glauben und Moderne vertragen, zufrieden sein. Hoch oben, in einem verglasten Durchbruch der Betonwand, steht das Gnadenbild, das früher das Objekt der Pilgerströme gewesen und aus dem Brand der neugotischen Kirche gerettet worden war. Es wird kaum Architekturpilger geben, die diese Positionierung der Heiligen nicht gut gelöst finden. Kunsthistorisch kaum bedeutend, scheint sie, aus dem Kircheninnern betrachtet, am realen Himmel mit seinen Wolken zu schweben, dem natürlichen Wechsel der Witterung ausgesetzt. Von der Freilichtseite aus gesehen, also aus der Sicht der Pilgermassen, die die Kapelle nicht faßt, fügt sich Maria in ihrer Vitrine als etwas einsame Ikone in die Altarwand aus *Beton brut*. Damit sich das Bild seinen Verehrern dann auch zuwendet, muß es freilich umgedreht werden.

Daß der ursprüngliche Sinn der Kirche durch ihre Architektur zum Fremdkörper marginalisiert, daß er vom Objekt der Andacht zu einem Zitat von Andacht wurde – mich störte es damals nicht. Ich war so wenig ein bekennender Christ wie der große Architekt. Höchstens wunderte ich mich über den Umfang seiner Herablassung, wenn ich auf einem der unregelmäßigen Fenster von seiner Hand – in Kinderschrift – *je vous salue Marie* lesen konnte. Auch für mich war das wahre Kultobjekt die Architektur. Ich glaube nicht, daß ich seither ein besserer Christ geworden bin. Trotzdem nehme ich jene Vitrine mit der ausgestellten Jungfrau nun als Lücke wahr – als Fehlanzeige der Moderne gegenüber allem, was ihre Zuversicht nicht teilte. Sie fand eine vertretbare Lösung dafür – vom Lösenden und vom Bindenden dessen, was diese Figur zu bedeuten hatte, wußte sie nichts. Denn von der Konkurrenz des Sakralen wollte der utopische Gestus der Aufklärung nichts mehr wissen. Dieser Autorität hat er sich entwunden, um sein eigenes Maß aufzurichten – damit bin ich schon fast bei der zweiten Geschichte.

Ich kann meine erste nicht ohne Tadao Ando fertigerzählen. Auch er ist, als junger Reisender im Westen, unseren Göttern begegnet. Wenn ich recht gelesen habe, gehörte das Pantheon in Rom zu seinen Augenöffnungen für Architektur. Er hat im Pantheon etwas Heiliges gesehen. Aber er hat sie nicht als Lücke gesehen, diese Öffnung im Zentrum der Kuppel, die allen Göttern errichtet war. Durch die Öffnung im Zentrum regnete und schneite sie herein, die altrömische Oberwelt, vor allem: sie leuchtete, sie strahlte herein. Der junge Ando sah die Quintessenz der Gottheit: Licht. Selbst ohne Gestalt und Form, schafft es alle Gestalt und Form, macht sie plastisch und vieldeutig, läßt sie einen Schatten werfen, läßt sie im Schatten liegen.

Diese Energiequelle bereitete Ando keine Verlegenheit wie Le Corbusier die neugotische Marie. Japan führt die Sonne nicht nur in der Flagge, es schreibt sich von ihr her. Das Licht: die Realpräsenz des Schöpferischen. Es war ein anderes Licht, das Ando im Pantheon sah, aber kein *ganz anderes*. Dieses Licht ist stofflos – damit, darauf kann man bauen. Es kommt darauf an, Häuser so einzurichten, daß das Licht sie bewohnt, daß es darin wandert, daß es damit spielt. Damit ein Haus für seine Bewohner da sei, muß es für das Licht da sein, denn nur in diesem Licht wird der Bewohner, was er gewesen ist und sein kann. Nicht er mißt das Licht; er wird an diesem Licht gemessen. Und das ist ein Maß von weiter her als der Mensch.

Le Corbusier fand es nicht, dieses Maß, an der kleinen, für sich betrachtet unbedeutenden Marienfigur, für die er eine respektvolle Lösung suchte in seinem Ronchamp. Er widmete ihr einen Durchbruch in seinem Beton, wo sie jetzt als Lückenbüßerin steht, ein Schatten im Himmel, der ohne sie offener sein könnte: offen wie die reale Marie das Heilige Grab gesehen hat, offen, wie der Glaube den Himmel immer noch sieht.

Le Corbusiers Marie ist die Konzession der Architektur an den Glauben. Aber was Ando im Pantheon gesehen hat, war weder Glaube noch Unglaube: es war das Licht an der Quelle unserer Welt, und also im Zentrum der Architektur.

Bevor ich meinen lückenhaften Kulturvergleich beendige: neben dem Pantheon, lese ich, haben Ando, als Westreisendem, auch die *Carceri* von Piranesi eingeleuchtet. Es sind Vexierbilder perspektivischer Verwirrung. Der große Architekturporträtist zeigt ein – im doppelten Wortsinn – vermessenes Interieur, das heißt eines, dessen Maßstäbe durcheinandergeraten sind. Der logische – wenn auch unfreiwillige – Fluchtpunkt der Methode ist ihre Verwirrung. Wenn der cartesianische Raum zu spielen beginnt, spielt er verrückt. Wir erleben uns als Gefangene der eigenen Konstruktionen. Kafkas K. bewegt sich in solcher Architektur, die schon im Titel »Das Schloß« den Herrschaftsbezug anzeigt. Dieser Ort entzieht sich der Vermessung, denn es ist ein vermessener Ort. »Das Schloß« ist kein surrealer, es ist ein realistischer Roman.

Was mag Ando bei Piranesi gefunden haben?

Er nennt noch einen dritten Architekturzeugen im Westen: Le Corbusier. Damit komme ich zu meiner zweiten Geschichte. Sie handelt von einem Männchen und einer Strohmatte.

Eigentlich ist es ja die gleiche Geschichte wie meine erste. Das Männchen kennen Sie. Es steht in einem Gitter aus Linien und gibt dessen Verhältnisse, Winkel und Schnittpunkte vor: mit leicht gespreizten Beinen, aufgerichtet und den linken Arm über den Kopf erhoben. Diktatorisch gereckt ist er nicht, er gibt ein Zeichen, das man als Gruß, Aufforderung oder Warnung lesen kann: »So und nicht irgendwie«. Der Mensch sei das Maß aller Dinge, hat schon Protagoras gesagt, übrigens keine Selbstgratulation, sondern eine Besinnung auf die Relativität der Wahrnehmung. Ein Tier, ein Gott nähme ein anderes Maß. Das Männchen aber, das ich meine, steht zur Verbindlichkeit seines Maßes und leitet davon alle übrige Maßstäblichkeit her. Bauen – Stühle, Wohnungen, Städte bauen, das heißt: die Grundverhältnisse des Moduls verallgemeinern. Es heißt umgekehrt: alles Gebaute an diesem Modul messen, darauf zurückführen. Dieser Modul ist die generative Maschine im Zentrum der menschlichen Produktion, wie die menschliche Produktion das Zentrum der nen-

nenswerten Welt ist. Um den Namen Kosmos zu verdienen, muß sie geordnet sein. Der Modulor-Mann, ideal, weil auf geometrisch reine Verhältnisse gebaut, ist auch das Vor-Bild eines vernünftigen Makrokosmos, der Garant einer konstruierbaren Utopie. Die *Unités d'habitation* sind Variationen oder Vielfache der modularen Grundeinheit. Sie ist verbindlich: wenn eine Berliner Baubehörde ein Corbusier-Haus bestellt, so müssen seine Raumhöhen gelten, nicht die ihren, sie mögen noch so amtlich sein; sonst ist das kein Haus von Le Corbusier. »... so und nicht irgendwie«. Wenn die Realität – die politische, die soziale, die natürliche nicht zum Modul paßt: um so schlimmer für die Realität! Dahinter steckt nicht Größenwahn des Architekten, sondern ein Ethos und ein Pathos: der wahre Baumeister ist nicht angetreten, diese Realität zu reproduzieren und zu spiegeln, sondern um sie zu gestalten und zu verändern. Die »Charta von Athen« enthält, in der Formulierung architektonischer Maximen, eine Anweisung zum richtigen Leben.

Tadao Ando ist Japaner. Japan hat eine wichtige Rolle für das Neue Bauen im Westen gespielt. Bruno Taut: die Entdeckung der Katsura-Villa als Ereignis für die westliche Architektur.

Das Bauhaus: nach Toulouse-Lautrec und van Gogh, dem Jugendstil, den Nabis die späteste Anleihe des Japonismus, und in ihrer scheinbar leichten Übersetzbarkeit die nachhaltigste: die reine Koinzidenz von Form und Funktion, die strengste Materialrichtigkeit, schon fast pure Geometrie, und errichtet auf einem einzigen Grundmaß: der Tatami.

Was fruchtbar ist, allein ist wahr, sagt Goethe. Darum soll die Wahrheit der westlichen Anleihe nicht bestritten werden. Sie beruht trotzdem auf einem Mißverständnis – ich meine, dem fundamentalsten, das zwischen Kulturen möglich ist. Denn es gibt nichts, was weniger kommensurabel, tiefer verschiedenen Geistes wäre als die Grundlagen des Bauens, von denen wir hier reden.

Die Tatami gibt kein Maß für den aufrechten Menschen ab. Er betritt sie nur, um sich niederzulassen, sei es zum Sitzen, sei es zum Ruhen. Die Matte ist auf den ruhenden Menschen berechnet. Danach bemißt sich alles übrige, Raumhöhe, Raumgefühl, die bewegliche Verbindung der Räume. Die Tatami ist die Grundlage einer Intimität in der Horizontalen. Die vertikalen Elemente des Hauses beanspruchen so wenig Profil wie möglich. Sie sind Stützen für das Dach, das sie weniger tragen, als daß das Dach die Träger durch sein Gewicht stabilisiert und zugleich ihre Elastizität benützt, wenn die Erde bebt. Anderseits dienen die Stützen der Führung leicht verschiebbarer Wände. Sie sind nicht dazu da, einen Raum abschließend zu definieren, sondern um ihn nach Wunsch und Bedacht zu öffnen, dem Drüben oder Draußen einen beweglichen Rahmen zu geben; so wird es zum erweiterten Innenraum – oder zum Bild des Draußen. Ein Bild anderer Art findet sich aber auch im Wohnraum: seine festeste Wand öffnet sich in eine andere Dimension der Betrachtung. Aber auch das Rollbild wechselt mit der Jahreszeit.

Nichts ist ganz festgelegt in einer Wohnung, der die Reismatte zugrunde liegt. Sie selbst ist aus verderblichem Stoff und muß, wie das Papier der Schiebewände, immer wieder erneuert werden. Es ist eine fast programmatisch vergängliche Konstruktion, das klassische japanische Haus, und bleibt der Hütte verwandt, aus der es hervorgegangen ist. Das gilt auch dann, wenn es, zum Beispiel, eine kaiserliche Villa sein sollte, wie am Katsura-Fluß. Dann besteht die Delikatesse ihrer Einrichtung, die Sorgfalt ihrer Situierung noch augenfälliger mit dem Bewegenden der Gebrechlichkeit zusammen. »So und nicht irgendwie« gilt zwar auch hier. Und doch hat es nichts Herrisches. Nirgends können wir von einem Palast im westlichen Sinn weiter entfernt sein – und nirgends entfernter von der Signatur des Menschen mit dem erhobenen Arm als Maß aller Dinge. »So und nicht irgendwie« ist vielmehr Ausdruck der Ehrfurcht vor allem, was ein anderes Maß hat und eben so, als Baum, als Stein und Gewässer, verwandt ist. Das Maß aller Dinge, wenn schon, ist die richtige Nähe, die gebotene Ferne zu dem, was mit uns ist – nicht der gesicherte Raum, sondern der flexible Zwischenraum. Und da die Dinge sich ändern, wie unser Blick auf sie, ist dieses Maß nie dasselbe. Es bewegt sich mit jedem Tag, der vergeht, und bewegt uns, die langsamer Vergehenden, auch.

Die Maßgröße, die meinen Blick und mein Verhalten bestimmt, hat Folgen für meine Deutung der Welt, etwa für die Interpretation von »Drinnen« und »Draußen«. Das Männlein mit dem erhobenen Arm ruft mich zwar zur Herrschaft über die Verhältnisse auf. Dennoch, und eben darum, hat es eine heimliche Vorliebe für das Wuchernde, für wilde Gärten, für alles, was es »Natur« nennt – für das Nicht-Ich, sozusagen. Diese Natur ist vielleicht überhaupt die Erfindung des Unbebehagens am Eigenen, das Fernweh nach dem ganz Anderen, und es sucht heimliche Fluchtwege dahin, als wäre seine Konstruktion, sein »So und nicht irgendwie« zugleich ein Piranesisches Gefängnis.

Von der Reismatte aus nimmt sich die Natur nicht so gegensätzlich, nicht einmal so anders aus. Daß Japaner die Natur liebten, ist eine Lehnvorstellung. Sie lieben sie nicht mehr und nicht weniger als sich selbst, denn auch sich betrachten sie als Natur, und darum weder als die Beherrscher noch die Erretter des Draußen. Lieber sitzen sie ihm gegenüber, in ruhigem, variablem Abstand, und betrachten die gegenseitige Verwandtschaft. Wie auch die sozialen Beziehungen, wird das Verhältnis zur sogenannten Natur eher kunstvoll und resolut als pfleglich oder sentimental behandelt: so wie der menschliche Mensch alle Dinge behandelt, die sich seinem Maß entziehen und eben darum Objekte seiner Sympathie bleiben.

Wenn es wahr ist, daß es in Japan keine Aufklärung gegeben hat, so fehlt dafür auch die Abspaltung der herrschaftlichen Rationalität von ihrem Schatten – heiße er schlechtes Gewissen, Empfindsamkeit oder Kitsch. Wer einer

Blumenmeisterin zugesehen hat oder einem japanischen Gärtner, der weiß, daß es bei dieser Kunst nicht zimperlich zugeht. Da werden keine Blumenkinder gehätschelt. Auf der Strohmatte gedeiht ein Realitätssinn, der zugleich robust und bescheiden, flexibel und nichtexklusiv ist. *So und nicht irgendwie* lautet hier eher: Warum nicht so, ungefähr?

Er hat mit zugelassener statt mit kommandierter Realität zu tun, der Ausblick von der Reismatte. Er ist ihr offenbar adäquater, kongenialer als das kartesianische Koordinatensystem, das Kierkegaardsche Entweder/Oder – und, ja, auch als das Schnittmustermännchen mit dem erhobenen Arm. Wir stellen in Japan beneidenswert wenig Angst der Menschen vor ihren Eigenprodukten fest – etwa vor der Zukunft; dafür ein erstaunliches Grundvertrauen darauf, daß sich auch das dicke Ende dem rechten Fortbasteln schon bequemen werde – wenn nicht so, dann irgendwie. Und doch ist dieses Irgendwie kein bloßes Ungefähr. Es ist an den klaren Abmessungen der Reismatte erzogen und hat seinen Sinn für schöne und richtige Beziehungen im Sitzen geschult. Eine immer neue Welt aus Zwischenräumen. Man soll darüber nur nicht ins Zappeln geraten und darf das, worüber man keine Gewalt hat, einstweilen auf sich zukommen lassen. Dann kommt es nicht gleich als das Ende der Welt.

Ich bin bei Tadao Ando angelangt, wie ich ihn verstehe. Er liebt nicht nur das Pantheon und Piranesi, er liebt, natürlich, auch Le Corbusier. Da brauchte nicht, wie bei mir, eine Enttäuschung einzutreten. Denn Ando versteht Le Corbusier gelassener, als er sich selbst verstanden hat. Ando kann Materialien wie Beton, Glas, Stahl als reine Naturprodukte betrachten. Vor allem den Beton, im Westen das Dominanzmaterial par excellence, erzieht er im Geist der Strohmatte zum bescheidenen Mitspieler des Lichts: dafür muß seine Oberfläche reinlich sein und atmen wie eine Membran. Das vollständig nach außen abgeschlossene Haus Andos ist keine Betonkiste, sondern eine sorgfältige Fassung der Quelle, die zu jeder Stunde des Tages ein anderes Licht spendet. Das pure Gegenstück zu den auf beliebige Höhe stapelbaren Boxen, jenem Funktionalismus, der nichts weiter ist als eine Funktion der Ausnützungsziffer, eine Reduktion auf glasverkleideten und stahlgestützten Profit. Wer in Andos Haus wohnt, wohnt in einem Bad von Licht. Der Architekt artikuliert die Spielräume dafür. Die Spalte in der Wand ist keine Systemlücke, sondern eine Lichtnaht, mit der das Gebäude atmet. Der lichte Atem darf auch die Form eines Kreuzes annehmen. Als strahlendes Umkehrbild des Dunkels springt es in den Raum. In einer andern von Andos Kirchen steht das Kreuz als Positiv im Licht des Wassers, das es umspielt. Daß es jetzt »draußen« steht, ist fast nur eine Redensart, denn es ist dem Betrachter anheimgestellt, den Zwischenraum zu besetzen, die körperhafte Verwandtschaft zu fühlen zwischen seinem vergleichsweise festen Ruhepunkt – es muß keine Reismatte sein – mit dem vergleichsweise schwimmenden des Kreuzes. Was gar nirgends in Sicht ist: ein Fixpunkt, von dem aus – im Sinn des Archimedes und des modernen Bauens – die Welt aus den Angeln zu heben und neu wieder einzurenken wäre. Wozu? Die Physik der Welt, wie sie ist oder uns erscheint, gibt sich für solche Kraftakte nicht her, und wir sind dafür nicht geschaffen.

Mathematisch gesprochen: die westliche Denkart ist darauf angelegt, Gleichungen zu lösen. Dabei kommt eine Reduktion heraus, ein Ausdruck zentralen Willens, wie der *Modulor*, oder der Herrlichkeit, wie die geometrischen Gärten und Paläste unserer Sonnenkönige, die ihr eigenes Licht verbreiten wollen, Abstände souverän bestimmen; die der Natur, die sie offen vergewaltigen und heimlich vergöttern, ihre Hierarchie oktroyieren. Das Licht des Prometheus war ein Diebesgut, und der Räuber endet an seinen Felsen geschmiedet. Die westliche Architektur hat etwas Luziferisches, die Kehrseite ihrer Utopie ist die Verdammnis, die Piranesischen Kerker. Ihr Ethos ist nie vom Pathos zu trennen, denn sie fühlt – leidend – sehr wohl, was sie in ihren Entwürfen immer ausschließt, zwangsläufig unterdrückt. Die imposanten Denkmäler abendländischer Architektur sind, wie der Petersdom, über einem Grab errichtet. Und heute klingt der Lärm der Maschinen, die das Kolonisationswerk des Planeten selbstmörderisch fortsetzen, in empfindlichen Ohren längst wie die Schaufeln der Lemuren am Ende von Faust II, die den Genius der westlichen Zivilisation unter seinen Errungenschaften begraben.

Man kann eine Gleichung zu lösen versuchen, auch mit Gewalt; man kann sie aber auch – sagt die Chaosforschung – iterieren, wiederholen, mit einem Zusatzfaktor X, den ich hier – stark verkürzt – die Unberechenbarkeit des Lebens nenne. Es ist auch der japanische Faktor; denn die Japaner sind seit Jahrhunderten Meister darin, die westliche Moderne zu iterieren. Und dabei geschieht etwas, was man an Andos Bauten studieren kann: Le Corbusier plus diesen Faktor X ist kein Le Corbusier mit einer Konstruktionslücke; denn aus dieser Lücke springt ganz neues Licht. Aber auch die eigene japanische Tradition ist, mit dem Faktor X versetzt, flexibel geworden; aus dem Shoji können Glasbausteine werden, aus der Lehm- oder Holzwand sensibler Beton, aus dem traditionellen Garten ein einziger Baum oder auch nur: der Wipfel eines Baumes, der den geschlossensten Raum lüftet, aufhebt. Das westliche Baumaterial tritt aus dem Zustand der Behauptung über in einen Zustand von Beziehungsfähigkeit. Der Faktor X spielt; spielend entlockt er dem sogenannten Chaos einen unerhörten Reichtum an Mustern.

Hier und heute weiß ich für den Faktor X einen Namen: Tadao Ando. Er ist nicht nur ein großer individueller Architekt, es ist an ihm etwas vom Genie Japans, das zugleich unverwechselbar und überpersönlich ist. Darin versteckt sich, glaube ich, keine neue Utopie, sondern ein unverhoffter Raumgewinn inmitten unserer verbauten Zivilisation.

Statt zwei Geschichten habe ich nun fast so

etwas wie eine abgekürzte und doch viel zu lange Kulturgeschichte erzählt. Halten Sie dem Berufslaien seine Fachsimpelei zugute. Wäre er Sportphilosoph, er hätte es vielleicht treffender haben können. Er hätte von Tadao Ando dem Boxer geredet: Boxen hat, glaube ich, wenig mit Angriff und Verteidigung zu tun. Es ist die Kunst, mit Zwischenräumen treffsicher und mit jener Art Körpereinsatz umzugehen, bei welcher der Körper sich selbst vergißt. Solange ich schlage, boxe ich mit Verlust; wo Es durch mich schlägt, ich könnte auch sagen: wo ich mich selbst vollkommen getroffen habe, fällt der Gegenspieler gewissermaßen zwanglos hinterher.

Ando, der Architekt, hat das Männchen mit seinem erhobenen linken Arm auf die Matte gelegt. Sie braucht natürlich nicht mehr aus Reisstroh zu sein. Da sitzt er nun, der *Modulor*-Mann, und lacht. Er wußte nicht, daß er dahin wollte; nun staunt er bloß, wie gut und richtig er sitzt. Seinen Arm darf er sinken lassen.

Wie haben Sie das gemacht? fragt das Männchen.

Sie haben das gemacht, sagt Ando und setzt sich zu ihm, ich hätte das nie geschafft ohne Sie.

Nun lachen sie beide.

Das ist natürlich kein Ende meiner Geschichte: aber hier höre ich auf, mit freundlichem Dank für Ihre Geduld.

Zeichenverschiebung

Eine Fluchtbewegung zu Kurosawa

Soweit die Unverträglichkeit von Hund und Katze keine Legende ist, führt die Verhaltensforschung sie darauf zurück, daß die scheinbar gleichen Zeichen konträr besetzt sind. Das Schnurren der Katze muß der Hund als Drohgeste mißverstehen; sie wiederum liest sein Schwanzwedeln als Ausdruck äußersten Mißbehagens.

2

Eine Episode aus Kurosawas *Dodeskaden*: Eine Frau kehrt nach einem »Fehltritt« zu ihrem erblindeten Mann zurück. Die Sorgfalt, mit der sie gekleidet ist, wirkt irreal in der Trümmerlandschaft des Films. Sie betritt die Hütte des Verlassenen wie eine vornehme Besucherin. Er hat im Traum nach ihr geschrien; jetzt rührt er sich nicht, fährt fort, Tücher in Streifen zu reißen (aus den Streifen werden Seile gewunden). Nach einer stummen Pause setzt sie sich zu ihm, macht ihm das Zerreißen nach. Aber auch dieser Annäherung bleibt der Mann jede sichtbare Antwort schuldig. Der Bitte, etwas zu essen, kommt er mit einer von der Kamera monumental nachgezeichneten Verspätung nach; nicht der Frau wendet er sich zu, wenn seine Kiefer endlich zu mahlen beginnen. Nun bricht es aus ihr heraus, Tränen, verzweifelte Entschuldigungen; unbeweglich läßt er sie abprallen an seiner hoffnungslosen, gnadenlosen Stille. Der letzte Schnitt zeigt die Frau wieder draußen, ihr Gesicht vor dem leeren Himmel in Großaufnahme ist unendlich traurig, aber gefaßt in der Würde des Unabänderlichen.

3

Warum: des Unabänderlichen?

Wer, wie Leute aus unserem Jungen Westen, Liebe eher »Beziehung« nennt und ihre Verwicklungen eine »Kiste«; wer die Sprache bis zur »Aussprache« zu treiben gewohnt ist, wird diesen Szenen die Erschütterung verweigern und diese durch Empörung ersetzen. Was ist da gespielt worden? Subtext: Stell dich an, wie du willst, ich zeige dir, daß du bei mir nicht landen kannst. Und wenn es mir später leid tut, bist du selber schuld. Mit einem Wort: ein Scheißspiel.

4

»Erinnern – Wiederholen – Verarbeiten«: in der Zeitung lese ich diese Zwischentitel eines Berichts über eine psychoanalytische Tagung in der Zentralschweiz. Wir glauben an die Möglichkeit, und also die Pflicht, der Entdramatisierung zwischenmenschlicher Konfliktlagen und an die Heilsamkeit des Bewußtsein stiftenden Wortes.

In Japan glaubt man eher, daß »Aussprachen« den Konflikt verschärfen. Wer das Wort ergreift, braucht es als Waffe und will damit recht behalten. Wörter tun, außer Schaden, nichts zur Sache. Hat sich diese in aller Stille erledigt, erübrigen sie sich; andernfalls spitzen sie den Streit zu. Aus einem vergleichbaren Grund werden einem Vortragenden in Japan keine »echten« Fragen gestellt. In japanischen Ohren würden sie den Eindruck vermitteln, der Vortrag habe etwas zu wünschen übriggelassen. Wer fragt, oder wer »sich ausspricht«, übt Kritik.

5

In Japan gibt es eine Psychotherapie, die mit Verschuldungsdruck arbeitet. Ein Mensch, der sich herausgenommen hat, unglücklich zu sein, wird zur Einsicht angehalten, wie viele Personen ihm bei wie vielen Gelegenheiten Wohltaten erwiesen haben. Ist er unbescheiden, selbstgefällig, egoistisch genug, diese Liebeszeichen zu ignorieren, zu vergessen? Von Glück muß er reden! Je größer seine Scham, desto wirksamer die Tränen erlösender Reue. Seine Wahrnehmung wird gereinigt. Er ist auf dem Weg zur Besserung.

Im westlichen »Drama des begabten Kindes« hätte er damit den Gipfel neurotischer Verinnerlichung erreicht. Bei uns: die Zementierung primärer Schuldgefühle. In Japan: Wiederherstellung von Geborgenheit.

Nur: Wie lange ist es her, seit die japanische Praxis auch im Westen keineswegs als »Schwarze Pädagogik« galt, sondern als Fortschritt der Menschlichkeit? Pestalozzi fand Schuldgefühle für die Erziehung seiner Waisen probater als Körperstrafen. Denn wie konnte ein Kind, das seinen Erzieher gekränkt hatte, damit leben, daß er seinetwegen die Nacht schlaflos, in Tränen und Gebet, zugebracht hatte?

6

Aber: Ist Schuldgefühl in Japan so viel wie Schuldgefühl nach Professor Freud?

Er hat es dem ödipalen Trieb und seiner Zensur zugeschrieben. Arbeit mit dem Konflikt als Sublimationsleistung; an ihrem Gelingen (aber ganz gelingt sie nie) mißt sich die Reife des erwachsenen Individuums, unserer kulturspezifischen Leitfigur. An seiner Triebschuld führt kein Weg vorbei, es kann an ihr nur zerbrechen oder wachsen. Das Über-Ich, Gottes ungnädiger Stellvertreter, wacht über die Pflicht, Wünsche verantwortlich zu entsorgen, die es nicht ganz unterdrücken kann. Das geplagte Ich muß, um der Depression zu entgehen, zur Trauer reifen lernen. Es gewinnt seine Würde, indem es auf Regression verzichtet. Mit dem Heroismus der Individuation ist jeder allein. Die klassische Psychoanalyse ist Einzeltherapie.

Im Kern bedeutet sie immer noch: Wie kommt mein Körper, der mich schuldig macht und in dessen Schuld ich bleibe, zu einem gnädigen Gott?

Schuld auf japanisch hat, wenn ich recht sehe, mit Gott oder meinem Körper nichts, mit einem sozialen Vertrag fast alles zu tun. Er ist ungeschrieben, unausgesprochen, aber als Schuldigkeit wirksam in jeder Verhaltensnorm. Man verletzt ihn, indem man sich isoliert, etwa durch auffälliges Leiden. Damit legt man Vorwitz und Anmaßung an den Tag und muß ins Gehege gemeinschaftlicher Disziplin zurückgedrängt werden, notfalls mit aller Härte. Die wichtigste Vertragsklausel lautet auf gegenseitige Schonung der Gefühle. Wer sich eine Abweichung oder Ausnahme erlaubt, hat sie diskret zu behandeln. Der Tribut an die Norm darf rituell bleiben. Geschuldet wird er auf jeden Fall.

7

Freilich: Auch die Ausnahme, die sich durchaus nicht halten oder begrenzen läßt, genießt in Japan einen dunklen Respekt. Der doppelte Liebestod kommt nicht nur im Theater vor: er ist noch immer ein Stück statistischen Alltags in Japan.

»Liebestod«: fast ein Pleonasmus in einem System, das durch prästabilisierte Bindungen – Familie, arrangierte Heirat, Feudal- und Firmenloyalität – definiert ist. Der Anspruch auf persönliches Glück (*the pursuit of happiness* der amerikanischen Unabhängigkeitserklärung) ist vermessen *per se*: er bricht den ungeschriebenen Gesellschaftsvertrag. Zugleich zahlt er diesem seine Schuldigkeit und schafft sich selbst aus der Welt.

Ein Extremfall von Entschuldigung, ein moralischer und ästhetischer Eklat, der das japanische Publikum unerschöpflich fasziniert. Der Täter als Opfer seiner selbst liefert den Tatbeweis für den Ernst seiner Gefühle. Er entwaffnet den Widerspruch, er erschüttert und bekräftigt das System in ein und demselben Akt. Von dieser Erschütterung lebt die japanische Dramaturgie nicht nur im Theater. Für westliche Augen hat ihre Folgenlosigkeit etwas Melodramatisches. Das System beugt sich unter dem Gewicht des Leidens, das es hervorbringt, und ist zugleich stolz darauf.

Ein Fall, wo es die Verbeugung bisher verweigert hat: der phantastisch inszenierte (Doppel)-Selbstmord eines seiner bedeutendsten Dichter, Mishima Yukio, und seines Helfers. Mit seiner Demonstration für ein maskulin restauriertes Vorkriegs-Japan versetzte er die Leistung der Nachkriegsjahre in den Anklagezustand. Da sein Opfer auf diesem Hintergrund nicht annehmbar war, wurde es für verrückt erklärt (das könnte sich ändern).

8

Vor einigen Jahren ging in Santa Monica, Kalifornien, eine japanische Mutter der ersten Einwanderergeneration mit ihren beiden Kindern ins Wasser. Mit diesem Zeichen äußerster Verzweiflung wollte sie den Lebenswandel ihres Mannes beschämen. Die Kinder ertranken; sie wurde gerettet. Das US-Gericht, durch Gesetz verpflichtet, die tragische Täterin zu bestrafen, wurde in Leserbriefen japanischstämmiger Amerikaner scharf kritisiert. Die Mutter habe verantwortungsvoll gehandelt, als sie den Kinder ein Leben unter solchen Umständen nicht zumuten wollte. Als zu ihrem Unglück Überlebende sei sie erst recht als Opfer zu betrachten und zu behandeln.

Eine japanische Mutter bereitet ihren Sohn auf die Aufnahmeprüfung in die Schule vor, die nicht nur seine Zukunft bedeutet, sondern auch ihre. Er fällt durch, es ist Frühling, er legt sich unter den Zug. Mit seinem Tod sagt er der Mutter: Verzeih mir, daß ich es nicht ertrage, die

Mühe, die du dir für mich gegeben hast, nicht gerechtfertigt zu haben.

Eine solche Dramatisierung gegenseitiger Schuldigkeit ist in Japan nicht weniger schauderhaft, als sie es bei uns wäre. Doch für unbegreiflich hält sie niemand.

Nicht einmal den Tod des Mädchens, das sich im Liftschacht seiner Schule zu Tode stürzt, nachdem es täglich von Mitschülerinnen wegen seiner auffälligen Tasche gehänselt wurde. Mit dem Fingernagel hat es eine letzte Nachricht in die Liftwand gekratzt: Sie entschuldige sich, daß sie einer bestimmten Freundin diesen Tod antue, aber sie könne nicht anders.

9

Noch eine Szene aus Kurosawas *Dodeskaden*: Ein junges Mädchen besorgt dem Mann ihrer Tante, die im Spital liegt, den Haushalt. Eines Tages mißbraucht der »Onkel« das von ihm abhängige Kind; daß er als Vormund dazu keine Gewalt nötig hat, macht seine Tat noch erbärmlicher. Nachdem das Mädchen schwanger geworden ist, bringt sie dem jungen Ausläufer, der ihr als einziger Mensch Aufmerksamkeit geschenkt hat, beinahe tödliche Messerstiche bei.

Er kann ihr dafür nicht böse sein, will immerhin wissen: Warum hast du das getan? Da spricht sie endlich (denn bisher war sie stumm): Sie war es ja selbst, die sterben wollte. Was sie nicht mehr zu sagen braucht: Was für ein Liebesbeweis, daß ich mich für mein stärkstes Gefühl an deinen Körper gehalten habe –

Das ist für Japaner plausibel: sie erkennen das vertraute Modell des Liebestods, das jede Entrüstung beschämt.

Wir im Westen kommen da nicht mit. Aber wie vertraut sind uns die Bestattungsbräuche im Theben der »Antigone«? Der Schicksalsbegriff der alten Griechen?

10

Die Lücke im System, die das *starke* Gefühl benützen darf: auch sie hat in Japan System. Die Regel bewährt sich in der Kunst, die Ausnahme aufzufangen.

Dem auswärtigen Betrachter scheint diese Ausnahmeregelung in der japanischen Kindheit angelegt. Das Kleinkind »darf« in familiären Situationen sehr viel mehr als bei uns – es bringt das Erwachsenenleben zum Stillstand oder in Bewegung, fast nach Wunsch. Dafür verhält es sich in Lagen, wo äußere Rücksichten ins Spiel kommen, sehr viel disziplinierter und kooperativer.

Der hohe Anpassungsdruck der japanischen Gesellschaft verlangt seine Expansionsgefäße. Der Unterdrückung sichtbarer Gefühle steht der Kult des echten und wahren Gefühls nicht entgegen, sondern gegenüber. Dessen Richtung ist nicht die Revolte, sondern der Rückfall. Er hat, dank seiner infantilen Besetzung, etwas Paradiesisches. Erinnerung an die Zeit, wo das Kind das Unmögliche durfte: schreien, trotzen, jammern, sich beklagen, die Mutter besitzen mit Haut und Haar, den Vater stören und vertreiben. Daß dies alles »unmöglich« ist, lernt es auf der einen Schiene, die nach draußen in die Gesellschaft führt; die andere führt auf demselben Unterbau in die Geborgenheit zurück. Das Kind im Erwachsenen darf diesem immer noch, immer wieder, etwas schuldig bleiben. Hinter der Fassade der Disziplin deckt sich die Unart. Sie lebt von der Erinnerung, daß sie einmal eine erlaubte Zumutung an die elterliche Liebe war. Der Alkoholrausch schwimmt in dieser Erinnerung; er drängt nicht, wie bei uns, zur Aggression, und was er bei andern anrichtet, lassen sie sich nicht nahegehen. Auch der Liebestod, als forcierte Lizenz, ist ein Grenzfall »kindlichen« Verhaltens: die paradoxe Dramatisierung des Wunsches, angenommen zu werden, eine Provokation des Familiensinns in der Gesellschaft. Die Ehrfucht, welche diese solchen Helden erweist, ist ein Kompromiß zwischen der Pflicht, an der Provokation nicht zu zerbrechen, und der Scham, daß die Familie Kinder, die ihren Wert unter Beweis gestellt haben, nicht daran hindern konnte, zu zerbrechen.

11

Kurosawas *Ran* ist, bei aller destruktiven Energie, ein Familiendrama, denn die Triebkräfte und Bindungen des japanischen Feudalismus sind familiär; wo im »König Lear« das Tragische sitzt, breitet sich in der japanischen Version das kriegerische Melodram aus. Die Jammer-Suaden und -Litaneien des Kabuki oder Puppenspiels sind ein verstärktes Kinderweinen; es bezieht seine Resonanz aus der Tatsache, daß »draußen« in der Gesellschaft nichts so verpönt wäre wie Jammern und Weinen, »drinnen« im Hause nichts so unwiderstehlich.

Expansionsgefäße für den Druck im japanischen Alltag.

Das gemeinsame Trinken mit den Arbeitskollegen, bei dem, streng begrenzt, auch die Hierarchie liquidiert werden kann: eine nutzbringende Lizenz, insofern ein Bestandteil der Arbeitszeit. Rücksicht auf die Gefühle Untergebener ist der familiäre Faktor der Betriebshierarchie – und das Geheimnis ihrer Effizienz; dafür müssen negative Gefühle geäußert werden dürfen. Ohne Folgen für die Person, wohl aber für das System, das dabei etwas über sich *lernt*.

Westliches Management, auf rasche (und einsame) Entscheidungen programmiert, verliert die Zeit und Energie, die es gespart zu haben glaubt, beim »Verkauf« dieser Entscheidungen an das Personal, das sie auszuführen hat. Das japanische Management beteiligt es daran und gewinnt, bei scheinbarer Unschlüssigkeit, den Vorsprung umfassender Motivation. Wie bekannt, setzt er sich in Marktvorteile um. Das berücksichtigte Gefühl wird zum Faktor der Rationalität.

Eine Entscheidung wird nicht »getroffen«. Sie »fällt« im Prozeß der Suche nach ihrer Richtigkeit.

Der Regreß auf die Unteren als energieschonende Sozialtechnik.

Regression auf die Kindheit zum Unterlaufen von Konflikten – Sexualität als Kinderspiel?

12

Dazu eine Geschichte:

Eine europäische Familie hat eine japanische Studentin zu Gast, die schon viele Jahre in Europa verbracht hat. Im Fernsehen läuft eine Sendung, in der Gerichtsfälle nachgestellt und dem Publikum zur Urteilsfindung angeboten werden.

Der Fall: Eine Frau, deren Verlobter seit Wochen auswärts auf Montage arbeitet, besucht mit ihrer Freundin eine »Tanzdiele« (wir sind im Ruhrgebiet). Dort findet sie offensichtlich Gefallen an einem jungen Mann, der ebenfalls von seinem Freund begleitet ist. Nach dem Tanzen verabschiedet sich das andere Mädchen, man bleibt zu dritt, beschließt, bei dem jungen Mann in der Wohnung noch etwas Musik zu hören. Das geschieht, und nachdem der zweite Mann verschwunden ist, passiert es eben. Was? Die Vergewaltigung, gibt die junge Frau zu Protokoll; eine einvernehmliche und so gut wie verabredete Krönung des Abends, entgegnet der junge Mann, der nun zum Angeklagten geworden ist.

Die Zuschauer als Geschworene; die Meinung der japanischen Zuschauerin lautet: das Mädchen sei natürlich nicht vergewaltigt worden. Warum nicht? Weil sie mit *beiden* jungen Männern in die Wohnung gegangen sei. Wäre sie mit *einem* gegangen, könnte man an eine Vergewaltigung eher glauben. – ??? – Es dauerte eine Weile, bis den westlichen Gesprächspartnern klar wurde: mit nur einem Begleiter in die Wohnung zu gehen, hätte die Situation so eindeutig gemacht, wie sie niemals hätte sein dürfen, wenn die junge Frau willig gewesen wäre. In der sichtbaren Gesellschaft beider Männer aber blieb (knapp) Raum genug für unschuldige Vermutungen. Also hatte das Mädchen ihrerseits Raum für die Möglichkeit, mit dem neuen Bekannten zu schlafen. Und da sie es gerade so eingefädelt hatte, wollte sie es wohl auch so.

Die Perspektive, aus der die Japanerin den Fall betrachtete, war von vornherein die der Nachbarn. Diese hätten sich im Fall eines einzigen Begleiters sagen müssen: Sie weiß, daß wir wissen, sie ist verlobt. Sie würde sich also genieren, die (unvermeidlichen) Zeugen zu einer verwerflichen Deutung des Vorgangs zu zwingen. In diesem Fall hätte die Situation harmlos sein *müssen*, und die junge Frau wollte es beim Plattenhören bewenden lassen. Ging sie aber mit zwei Männern, so brauchten sich die Beobachter nichts Arges zu denken, konnten also jedem Dritten gegenüber (oder vor Gericht) ihre Unschuldsvermutung vertreten. Danach war die junge Frau frei zu tun, was sie wirklich wollte; also konnte sie es wollen; also hatte sie, was immer geschah, in Kauf genommen (mindestens).

Die »moralische« Seite der Vergewaltigung schien die Zuschauerin erstaunlich wenig zu beschäftigen. Nahm sie die Sexualität überhaupt so wichtig wie wir?

13

Da glaubt man ihn ja mit Händen zu greifen, den berühmten Unterschied zwischen »Schuldkultur« und »Schamkultur«.

Zum Beispiel die Frage der japanischen Kriegsschuld –

Wir glauben zu sehen, daß die Japaner sie nicht stellen (oder sich ihr). Uns scheint, ihre Empfindlichkeit melde sich erst, wenn sie diese bei uns bemerken (den internationalen Nachbarn). Die es ein starkes Stück finden, das Massaker von Nanking einen *incident* zu nennen oder die unmenschlichen Medizinversuche an

Kriegsgefangenen in der Mongolei mit einer Schweigemauer zu umgeben. Wo bleibt die Trauerarbeit, die öffentliche Diskussion?

In japanischen Augen wäre sie selbst der Skandal, den sie beim Namen nennt. Wird eine Familienschande davon weniger, daß man sie bespricht? Angenommen, es gäbe so etwas wie kollektives Schuldbewußtsein: dann wäre es, nach japanischem Gefühl, im Schweigen am würdigsten aufgehoben.

Aber der Krieg wurde in Japan nicht als Schuldsache, sondern als Notstand erlebt: zuerst des Befehls, dann des Zusammenbruchs. In beiderlei Form war er der Zurechnungsfähigkeit entzogen. Die nachträgliche Antwort darauf soll nicht die Diskussion sein, sondern der Friede –

Das Bekenntnis zu diesem Frieden hat in westlichen Ohren etwas Summarisches, Hiroshima als schauderhaft-willkommene Gedächtnislücke, die Atombombe als General-Alibi. Das Opfer, zur absoluten Größe erhoben, tilgt die Notwendigkeit der Schuldzurechnung. Das Drängen darauf gilt als stillos –

Während uns wiederum diese Art von Konfliktvertuschung unempfindlich vorkommt.

Die als Kriegsverbrecher hingerichteten Militärs werden mit den andern Kriegsopfern im Yasukuni-Schrein geehrt. In japanischen Augen »tragen« sie nicht die Verantwortung für das »Unglück« des Kriegs, sie haben sie auf sich genommen, auch zur Entlastung des Kaisers. Im Krieg wäre man für ihn gestorben; nach dem Krieg starb man an seiner Stelle. Die (vom Westen) Schuldiggesprochenen umgibt etwas von der Aura der Rōnin, der Samurai, die kein Fehler ihres Herrn von der äußersten Loyalität zu ihm entbindet; gerade sein Fehler ist deren Prüfstein. Familienloyalität ist ein Wert an sich. (Das gilt auch für das organisierte Verbrechen, die *Yakuza*.)

Nachtrag à propos Kriegsschuld: hat man bemerkt, wie diskussionslos Japan seit dem Krieg jedes militärische Engagement – auch das durch die UNO völkerrechtlich gedeckte – vermeidet? Auch eine Form tätiger Reue: die Unterlassung. Das japanische Kind tut nicht nur gebrannt, es ist gebrannt.

14

Was geht in einem Japaner vor, wenn ihm Kritik begegnet? Hier ein Übersetzungsversuch:

»Du machst mir einen schweren Vorwurf, störst damit unsere Harmonie. Da ich dich für einen zivilisierten Menschen halten möchte, würdest du mich natürlich nicht ohne die stärksten persönlichen Gründe derart beschämen. Ich muß anerkennen, daß ich mir von deinen Gefühlen kein ausreichendes Bild gemacht habe. Dafür habe ich mich zu entschuldigen. Natürlich belaste ich dich damit meinerseits, weil du eine solche Entschuldigung ja als Vorwurf an deine Rücksichtslosigkeit verstehen wirst. Dafür müßte ich mich abermals entschuldigen, und wir gerieten in einen Teufelskreis. Ich hoffe uns wenigstens in diesem Punkt einig, daß wir die Sache keineswegs weitertreiben dürfen und so rasch wie möglich vom Tisch wischen. Mit meiner Entschuldigung bin ich dir symbolisch entgegengekommen. Dafür wirst du deinerseits nicht im Ernst erwarten, daß ich meine Haltung ändere. Schweigen wir also davon und reden wir von etwas Freundlichem.«

Warum tut sich der westliche Partner so schwer mit der Einsicht, die dem Japaner selbstverständlich ist: daß die Sorge von Menschen zuerst der *Beziehung* gelten muß und danach erst der Sache – wenn sich diese nicht schon durch Höflichkeit erledigt hat?

Und was den Krieg betrifft: nur an der Beziehung der Feinde ist noch etwas zu verbessern; die Vergangenheit bleibt ohnehin unveränderlich.

15

Wo der Vergangenheit mit Vergessen am besten gedient ist, hat die Psychoanalyse ihr Recht verloren. Sie ist eine Pflanze der Aufklärung, die in Japan nicht stattgefunden hat, und dort so wenig einheimisch wie das kartesianische Denken oder die Entdeckung der Perspektive. Was hat diese an einem Wolkenhimmel zu suchen? Was soll der Ödipuskomplex in einer Kultur, die (solange die Sache in der Familie bleibt) auch die sexuelle Betreuung eines erwachsenen Sohnes durch seine Mutter toleriert? Sie ist durch ihre Rücksicht entschuldigt: Auf diese Weise kann sich der Junge besser auf seine Studien konzentrieren, ohne Ablenkung durch Mädchengeschichten. – Das kräftigste Argument, das ich in einer Fernsehdiskussion gegen diesen fürsorglichen Inzest gehört habe, kam von einer jungen Frau und war seinerseits ganz pragmatisch: Was soll die künftige Ehefrau mit einem derart verwöhnten und unselbständigen Mann anfangen?

16

Das Wohnen in Räumen ohne real existierende Intimsphäre untersteht eigenen Gesetzen. Man lernt sich darin bewegen, ohne Anwesenheit zu signalisieren, wie die schwarzen Diener auf der japanischen Bühne. Da die Schlafmatten überall ausgebreitet werden können, ist das »Elternschlafzimmer« keine zwingende Größe. So flexibel die Kombinierbarkeit familiärer Beziehungen, so umfassend die Zuständigkeit der Mutter für die Kinder; um so viel weniger exklusiv die Partnerschaft von Mann und Frau. Die traditionelle Rollenverteilung sichert sie wiederum gegen unrealistische Erwartungen (etwa diejenige, daß man in der Ehe finden müsse, was einem in der Kindheit gefehlt hat).

Das Paar, das ungestört sein will, geht ins Love Hotel, zu genau dem Zweck, den dieses im Namen führt; darum ist es kein Bordell. Denn es wird von Eheleuten ebenso benützt wie von Studentenpaaren – eher als vom Chef mit seiner Sekretärin, denn daraus könnte ein heikler Fall werden. Die Autoschilder werden allen Kunden gleichermaßen abgedeckt, diskret, und diese begegnen auch im Innern des Bunkers keiner dritten Person. Wenn das Paar sich das Zimmer seiner Wahl auf einer beleuchteten Schautafel ausgesucht hat, betätigt es durch das Ziehen des Schlüssels einen elektronischen Wegweiser, der es in sein romantisch oder phantastisch verkleidetes Liebesnest steuert. Am Ende ist von der Kasse nur der Zahltisch sichtbar, niemals der Kassierer.

Der fensterlose Schutzraum ist ein Ort sozialen Taktes, nicht sexueller Scham.

17

Das reinste der Gefühle, der vollkommene Ausnahmezustand in Japan: die Natur. Daß ihre Repräsentation wahre Exzesse von Künstlichkeit nicht nur erlaubt, sondern erfordert – vom Bonsai bis zum Ikebana –, scheint uns merkwürdig. Dem Japaner fällt es nicht auf; sein Auge hält fest an der Unschuld dessen, was er sieht und sehen will. Er scheint der Natur gegenüber zu keinerlei Distanz fähig, auch nicht der Ironie –

Gute Filme werden buchstäblich schwach vor der Natur. Oshimas *Merry Christmas, Mr. Lawrence* schwelgt bei der Rückblende in die englischen Jugendgärten des Helden im Kitsch weichgezeichneter Paradiese; Imamuras *Lieder von Narayama* schneiden in die grandiose Landschaft der zum Sterben ausgesetzten alten Leute plötzlich Vögelchen und Eichhörnchen hinein, versetzen die Ballade des Elementaren mit einem Hauch von *fairy tale* und Disneyland. Der magisch dampfende Zedernhain, aus dem Kurosawas *Dreams* den Hochzeitszug der Füchse auftauchen läßt, hat die optische Unschuld der Kinderaugen, die auf das Schauspiel starren: obwohl nur die Hälfte der gewaltigen Stämme gewachsen, die andere Hälfte aber aufgebaut ist. Der körperliche Einstieg des japanischen Kunst-Gullivers in van Goghs Landschaftsbilder: einer der raten Fälle, wo der Film seine Identifikation mit der »Natur« als einen artifiziellen, sentimentalischen oder einfach: sentimentalen Prozeß deklariert.

18

Mein Eindruck, daß auch die in Japan allgegenwärtige »westliche« Musik den Ausnahmezustand des Gefühls symbolisiert, einen offenen Raum, in dem alles geht, ein Kinderparadies (wenn auch nicht für die unerbittlich zum Üben angehaltenen Kinder). Ist es wahr, daß sich Kurosawa von seinem Komponisten zu *Ran* eine

Musik »wie von Mahler« ausgebeten hat? So, mit Verlaub, klingt sie auch – bis in die »Dreams« hinein, wenn der wohllautende Schmus im westlichen Ohr die Größe der Vision unterspült.

Was hören die Japaner, wenn sie »unsere« Musik hören, so viel gewohnheitsmäßiger als wir, und an Orten, wo sie bei uns nie hinreicht, vom Warenhaus, bis zum »Café Beethoven«? Sie beschämen uns mit der Breite und Tiefe ihrer Praxis westlicher Musik, und daß eine höhere Tochter ein Instrument gut spielt, gehört einfach zu ihrer Grundausstattung. Aber dann: »Eine Musik wie von Mahler«?

Nicht einmal Hollywood würde einem guten Filmhandwerker »einen Film wie von Kurosawa« abverlangen. In diesem Zusammenhang: nichts gegen Hollywood, mit dem für Kurosawa zwar oft alles schiefgegangen ist *(Tora! Tora!)*, ohne das aber gar nichts gegangen wäre. Japans Filmindustrie jedenfalls ist nicht schuld, daß es *Kagemusha* oder *Ran* trotzdem gibt –

19

Sobald das japanische Sensorium die ungeschriebenen Regeln seiner Ästhetik verläßt und sich auf »internationalen« Boden begibt: wohin gerät es da? Von überzeugenden Mutationen wie Kenzo Tange oder Issei Miyake abgesehen: wie schwerfällig die Aufholjagd nach der Guten Form, dem inspirierenden Design (wofür der Westen seinerseits so viele Inspirationen aus dem klassischen Japan bezogen hatte): wie unsicher noch immer der Geschmack »westlich« gemeinter Räume. Wie erstaunlich die Anfälligkeit der Japaner für den vulgären, ja brutalen Effekt, für den *schlichten* Kitsch. –

Sind das die Stellen, wo der zum Massenprodukt heruntergekommene Traum vom Paradies, die Verallgemeinerung der Ausnahme zum Konsumgut, das hohl und unverbindlich Gewordene der Regel offenlegt?

20

Aber: Seit über hundert Jahren hat Japan die Moderne nach *seinen* eher als nach ihren Gesetzen importiert, und auch ihre Zwänge mußten lernen, sich seinen Regeln zu fügen. Diese brauchen nicht ausgesprochen zu werden, da sie in Hunderten von Jahren der Isolation Fleisch und Blut geworden sind. Ihre Differenzierung zum sozialen Kunstwerk ist erstaunlich:

genial ist ihre Flexibilität, ihre Dauer im Wechsel.

Das Geheimnis des Systems sitzt nicht in seiner Struktur, sondern in seiner Fähigkeit, Räume offenzulassen. Die japanische Sprache definiert nicht. Sie stellt anheim.

Fuzzy logic, in Amerika erfunden und nicht weiter verfolgt, wird in Japan zur Basis einer neuen Computergeneration entwickelt. Das heißt, die Unschärferelation der modernen Physik wird industriell genutzt. Die Maschine trifft ihre Entscheidungen nicht mehr aufgrund binärer Schritte – 0 oder 1, Jacke oder Hose, Er oder Ich. Sie setzt sie aus dem Material zusammen, in dem sie auch im menschlichen System vorkommt: aus Halbheiten, Zweifeln, Widersprüchen, Doppeldeutigkeiten. Wen wundert's, daß dieses System nicht nur intelligenter ist, sondern, unter dem Strich, auch noch besser rechnet? Es vermeidet Kurzschlüsse, rein formalistische Lösungen, übt Geduld, hütet sich also vor dem »scheinbaren Einpfählen der scheinbaren Sache« (Kafka). Seine Fehlerfreundlichkeit macht es flexibler, realistischer als jedes Schema, das auf Alternativen programmiert ist und sie mit keinem Faktor X zu modifizieren versteht. Das heißt: mit dem »menschlichen« Faktor. Der

Vorsicht gegen die eigenen Prämissen. Der Höflichkeit gegenüber dem ausgeschlossenen Dritten, dem »Andern«, Unvorhergesehenen, Undenkbaren.

21

Dem westlichen Besucher kann die Kultur des Offenlassens als »Entscheidungsschwäche« begegnen, als oft skurrile Komplikation des sozialen Lebens. Kürzlich erzählte mir ein japanischer Germanist – ein humorvoller Mann –, daß er sich, als Übernachtungsgast in einem deutschen Haus, vor dem Frühstück fürchte, denn da komme unweigerlich die Frage auf ihn zu: Tee oder Kaffee? In Japan würde ihm die Qual des Ratens, was der Gastgeber von sich aus wohl trinken würde, dadurch erspart, daß einfach das eine oder andere auf den Tisch käme. Der Gastgeber zöge dann aus den unmerklichsten Zeichen den Schluß, daß dem Gast doch das andere lieber gewesen wäre als das eine, und warte spätestens am anderen Morgen mit beidem auf. In der Regel stehe es aber schon jetzt im Hinterhalt bereit und warte nur darauf, unter einem Vorwand, der den Gast aus dem Spiel lasse, aufgetragen zu werden. Im übrigen hänge alles vom Grad der Vertrautheit ab. Sei sie erst hergestellt (etwa durch die genannte Aufmerksamkeit), habe es auch mit Entweder-Oder-Fragen keine Not mehr.

Schon wieder: Was »Sache ist«, darüber entscheidet die Atmosphäre der Beziehung. Japanische Freunde, die bei west-östlichen Handelsabschlüssen dolmetschen, erzählen, daß es dabei auch nicht ganz anders zugehe. Unterschriften »machen sich von selbst«, wenn das emotionale Feld aufgebaut ist. Abrupt »zur Sache« zu kommen ist also im Umgang mit Japanern keine gute Strategie. Der zuerst respektvolle, dann menschlich gelockerte Kontakt gehört zur Sache. Im Alltag ist er ihr wichtigstes Teil.

22

Ich habe erlebt, daß man in Japan eher ein Mißverständnis kultiviert, als einen Beziehungsabbruch zu riskieren. Ich fragte in einem Blumengeschäft nach der Haltestelle einer bestimmten Straßenbahnlinie (damals fuhren noch Straßenbahnen in Kyoto). Der Verkäufer hatte mich nicht gut verstanden, aber dieses Eingeständnis wäre ihm sehr unhöflich erschienen. Daher führte er mich draußen dreimal um den Platz herum, der mit einer Vielzahl von Haltestellen bestückt war, in der Hoffnung, mein Problem löse sich auf diese Weise von selbst. Jedenfalls tat er das mindeste, was er tun konnte: Er ließ mich damit nicht allein. Als die gewünschte Straßenbahn wirklich vorfuhr, zeigte sich: sie hielt genau vor seinem Geschäft. Ich sah seine Enttäuschung, als ich lachend einstieg: wahrscheinlich wäre ich ihm dabei mehr Umstände schuldig gewesen, aber welche? So ließ ich ihn zwar erleichtert, aber auch beschämt zurück.

Max Frisch verdanke ich eine schöne japanische Reisegeschichte: Der junge Germanist, der ihn führte, sprach ihn wiederholt auf Schiller an; »mein Schiller« sagte er sogar. Da war der Gast natürlich verpflichtet, sich mit dem Begleiter immer wieder über Schiller zu unterhalten. Am Ende der Reise schien die Frage nicht mehr unhöflich, was den Japaner an Schiller interessiere. – Eigentlich nichts, gestand dieser, aber er, Herr Frisch, interessiere sich doch so sehr für Schiller. – Eigentlich auch nicht, mußte Frisch zugeben. Es gelang, das Mißverständnis aufzuklären: daß sein Begleiter ursprünglich keineswegs »meinen Schiller«, sondern »meine Schüler« gemeint hatte. Ein kleiner Umlautfehler mit anhaltenden Folgen für eine ganze Reise. Ein Anlaß zum Harakiri für den Japaner, wenn er inzwischen nicht die Freiheit gewonnen hätte, mit dem berühmten Gast zu lachen. Schiller, auch wenn er nie gemeint gewesen war, hatte seinen Dienst getan –

23

Die rätselhafteste Geschichte hat mir vor 20 Jahren eine japanische Studentin anläßlich ihrer Verlobung erzählt.

Der junge Mann war ein Studienkollege ihres Bruders, der (wie sie selbst) längere Zeit im Ausland gewesen war, jetzt aber eine wohlgeordnete Verheiratung seiner Schwester für angebracht hielt. Er führte den Mann, den er im Auge hatte, als seinen Freund zu Hause ein; sie redete ihn in dieser Eigenschaft an, nämlich mit der japanischen Sie-Form, »Anata«. Allmählich zeichnete sich die Heirat als beschlossene Sache ab. Und nun hatte die junge Frau plötzlich das Problem, daß sie nicht mehr wußte, wie sie ihren Zukünftigen anreden sollte.

Wie sie ihn denn als Ehefrau anreden würde? »Anata!« lachte sie. Gut, wo war das Problem? Da zeigte sich, daß das bisherige »Anata« etwas wie unbefangene Kameradschaft signalisiert hatte, mit der sie die männliche Vertrautheit des

Bruders mit seinem Freund übernahm. Begann er sich nun aber als ihr Zukünftiger abzuzeichnen, war das kumpelhafte »Anata« nicht mehr erlaubt, das formal-ehrerbietige der Ehefrau aber noch nicht. Für den Paradigmenwechsel des Verhaltens gab es plötzlich keine Anredeform mehr; also bemühte sie sich, die Anrede einstweilen überhaupt zu vermeiden.

(Vor ein paar Wochen hatte sie noch mehr oder minder fröhlich das *dating* auf einem kalifornischen Campus mitgemacht.)

24

Natürlich gibt es auch in europäischen Systemen Äquivalente für ein solches Dilemma der Zeichensetzung. Nur: in Japan fallen sie, bei der extremen Regelungsdichte und dem Reichtum sozialer Differenzierung, als Exotika auf.

Die Schwierigkeiten beim Erlernen des Japanischen – obwohl schon im Elementaren beträchtlich, denn kein tieferes Verständnis führt an der *Schrift* vorbei – liegen weniger beim nur Sprachlichen als bei dessen sozialer Nuancierung. Die wenigen Nichtjapaner, die das Japanische wirklich beherrschen, können einen Kommunikationsschock auslösen. Wie kann jemand als Teil eines Systems auftreten ohne die zugehörige Physiognomie?

Die Japaner trauen sich zu, Tolstoj oder Grass zu verstehen; daß ein Ausländer die Haikus des Bashō – oder den »japanischen Shakespeare« Chikamatsu – verstehen kann, nehmen sie im Ernst nicht an. Im Grund gehen sie von der Unvermittelbarkeit ihres insularen Sonderfalls aus.

In einer Hinsicht ist das offene, »wolkige« System an Trennschärfe gewöhnt: es setzt das familiäre »Drinnen« vom förmlichen »Draußen« ab und hat für beides unterschiedliche Erwartungen und Verhaltensnormen entwikkelt. Es gibt einen Grenzfall – der nicht umsonst stark tabuisiert ist –, wo die japanische Gesellschaft am Ab- und Ausgrenzen auch da festhält, wo ihr Auge sie im Stich läßt und sie nur auf das Vorurteil bauen kann. Ich rede von der Disqualifikation der Burakuin, einer Paria-Kaste, die, auch wo sie nicht mehr im Ghetto leben muß, durch die (historische) Ausübung »unsauberer« Berufe als gezeichnet gilt, obwohl sie sich durch kein erkennbares Zeichen von den übrigen Japanern unterscheidet. Es mag einem Burakuin eine Zeitlang gelingen, sich in anderen (sogar akademischen) Berufen zu verstecken, aber wehe ihm und seiner Zukunftschance, wenn er enttarnt wird. Was in einer Gesellschaft, wo der »Familienstammbaum« das Zivilregister ersetzt, jederzeit vorkommen kann. Auch eine Japanerin, die einen Ausländer heiratet, wird aus ihm gestrichen.

25

Soziale Rollen sind in Japan nicht zum Ausprobieren da; an ihnen haftet die Identität.

Als ich zum ersten Mal Kurosawas *Rashōmon* sah, die mehrfach – und ganz unterschiedlich – erzählte Geschichte des reisenden Ehepaars, das von einem Räuber überfallen wird, las ich die Botschaft des Films mit westlichen Augen. Die Frage, um die er sich in dreifacher Perspektive zu drehen schien, war für mich die des Pilatus: Was ist Wahrheit? Eine moralische und eine erkenntnistheoretische Frage – ihre Spannung hängt am Grundsatz ihrer Entscheidungspflichtigkeit. Ein Gericht müßte die Tatsachen feststellen und zu einem Urteil kommen.

Nach dem Wiedersehen des Films glaube ich gar nicht mehr, daß er von diesem Interesse geleitet war. Die Behauptung, daß die Realität gestatte, unsere Taten und Leiden zu identifizieren, daß unsere Identität überhaupt eine feste

Größe sei, wäre voreilig. Die Optik des Films ist die des flirrenden Laubs, dessen Helldunkel vom selben Stoff ist wie die Personen, die darin auftauchen und untergehen. Der Gestus der »Feststellung« stimmt nicht zum Aggregatzustand der Welt, dieser »dahintreibenden Welt« (die Übersetzung des japanischen Worts für den Farbholzschnitt, dessen zentraler Topos zugleich die Halbwelt des Freudenviertels Yoshiwara ist). Wir bewegen uns darin – und werden davon bewegt – wie der Regen, der das Große Tor der Erzählung verschleiert. Oder wie die Erde selbst, deren Feuerflüssigkeit in Japan häufiger als anderswo durch ihre Oberfläche dringt. Das gleitende Verhältnis von Wahrheit und Lüge wird hinfällig vor dem Scheincharakter aller Dinge. Und doch nimmt dieser ihrer Gefühlswahrheit nichts weg. Die Täuschung im Auge des Betrachters hindert ihn nicht daran, sie, wie Kurosawa selbst, mit bewegten, bewegenden Bildern zu beglaubigen. Das Ende von *Rashōmon* bezeugt aber auch: Die umfassende Täuschung der Dinge entbindet uns nicht von unserem Mit-Gefühl, ja, sie ist der wahre Grund für eine ebenso umfassende Menschlichkeit. Schon das *Genji monogatari*, das größte Werk der japanischen Literatur, überläßt sich allen möglichen Widersprüchen – nicht nur im Charakter seiner Personen, sondern auch in der Verbindlichkeit von Zeit und Ort. Diese Widersprüche haben nichts damit zu tun, daß die Dichterin (wie es Homer in solchen Fällen nachgesagt wurde) »geschlafen« hätte. Sie ist wach für eine Wirklichkeit, welche die Optik des Scheins, den sie liebevoll und traurig feiert, überschreitet. Sie vertieft sich in den Traum, daß alles gleich gültig und nichts gleichgültig sei. Die Welt wird in diesem Traum, was sie von Haus aus ist: ein Bild.

Nur das? fragt die Melancholie. Nichts Geringeres, antwortet das Erstaunen.

Doppelagent in Dejima

Rede an einen Japanologen-Kongreß

In den letzten Wochen bin ich öfters in Sachen Japan gereist und habe meine kultur-komparatistischen Vermutungen angestellt, bei denen die subjektive Sicht vorausgesetzt (und geschenkt) war. Ich bin vor Laien als einer der ihren aufgetreten, allenfalls mit dem Jagdschein des Schriftstellers ausgestattet, aber nicht – in meinen Augen am allerwenigsten – mit dem Diplom des soliden Ethnologen. Als ich mutwillig zusagte, vor gelernten Japanologen aufzutreten, hoffte ich, mich mit einer Autorenlesung aus der Affäre zu ziehen, also eine Form zu wählen, die meinem Nicht-Wissen am ehesten eine sokratische Wendung zu geben versprach. Literatur liefert ihre Sätze ja von Haus aus in Frage-Form ab; ihr Anspruch ist frecher *und* bescheidener als derjenige des Sachtextes. Sie konstituiert ihren Gegenstand erst durch die *Gestalt*, die sie ihm geben kann. Und es darf als ausgemacht gelten, daß, wenn von Japan die Rede ist, die Ähnlichkeit mit einem Land gleichen Namens zwar nicht – wie die bekannte salvatorische Klausel lautet – »zufällig« oder gar »unbeabsichtigt« ist, aber doch eine andere Art von Notwendigkeit besitzt; eine, die der Autor nur mit *seiner* Wahrheit begründen kann und dabei das Interesse für *diese* beanspruchen muß. Etwas, das, im Sinne Max Frischs, nur erlaubt ist, wenn es gelingt.

So hatte ich mir bei den Veranstaltern dieses Kongresses bereits einen Freibrief für fahrlässiges Verhalten abgeholt – als ein boshafter Engel wollte, daß ich letzte Woche die große Berliner Ausstellung »Japan und Europa 1543-1929« gesehen habe. Erfüllt und erschlagen, wie ich davon bin, gebot mein reformiertes Zürcher Gewissen, mir die Sache hier, aller Zeit-Not zum Trotz, doch etwas saurer zu machen. Viele von Ihnen werden dieses Schatzhaus vergleichender Künste noch besuchen und deutlicher als ich sehen, daß die so plastisch ausgestellten Antworten zu immer noch größeren Fragen führen. Was ich hier tun kann: Ihnen einige der Fragen vorlegen, die mir dort gekommen sind und denen ich Ihre Nachfrage wünsche. Sich laut zu wundern ist ebenso das Privileg der Kinder wie die Pflicht der Weisen. Im Niemandsland dazwischen nehme ich mir die Freiheit heraus, Ihre

Kompetenz zu reizen und mit Ihnen vor dem Bild der bekannten künstlichen Insel stehenzubleiben: Wie war das mit Dejima –?

Ihnen brauche ich Geschichte und Vorgeschichte dieser Isolierstation im Hafen des Fischerdorfs Nagasaki nicht zu erzählen. Was mich hier interessiert: daß ihre Wirksamkeit von Anfang an auf dem Typus des Doppelagenten beruhte. Die auf der Insel zernierten Männer der Vereinigten Ostindischen Kompagnie waren für jede Bewegung nicht nur auf die prinzipielle Erlaubnis des Shogunats angewiesen, sondern noch mehr auf die konkrete Kompetenz des Dolmetschers. Er ist die Schlüsselfigur des zwischenkulturellen Verkehrs. Aber noch mehr als der Ausländer ist seine eigene Behörde auf ihn angewiesen. Er ist ihr ausführendes Organ in einem neuen und unbekannten Feld, auf seine Loyalität muß unbedingt Verlaß sein – aber nicht blinder Verlaß. Der Zwischenträger erfüllt seinen Zweck nur, wenn er auf beiden Schultern zu tragen versteht. Er darf nicht nur *stehen* wie eine Mauer; er muß auch durchlassen wie eine Pforte, deren Weite ihm noch so streng vorgeschrieben sein mag: praktisch bestimmt er sie selbst. Nur als – in Grenzen – Zuwiderhandelnder ist er dem eigenen System nützlich: das heißt, daß es ihn mit ebensoviel Vertrauen wie Mißtrauen traktiert. Seine untergeordnete Stellung steht in einem kapitalen – und für ihn gefährlichen – Mißverhältnis zu seinem realen Gewicht.

Nach jenem Ausstellungsbesuch habe ich mir gewünscht, eine Geschichte des *Verrats* zwischen den Kulturen lesen oder gar schreiben zu können – des unerläßlichen, ja pflichtschuldigen Verrats, denn der Agent bringt eben nichts in Erfahrung, wenn er nicht etwas von sich verrät. Die Sanktionen, die er riskiert, waren um so höher, je besser er seine Aufgabe erfüllte. Die Beispiele der Dolmetscher Kaempfers im 17. und Siebolds im 19. Jahrhundert sind solche Märtyrergeschichten einer säkularisierten Mission. Ohne die Bereitschaft zum Verboten-Neuen, ohne persönliches Einverständnis mit der Neugier eines buchstäblich wild-fremden Menschen und seines unerlaubten Forschungsinteresses hätten wir die wichtigsten Nachrichten über das Japan in der Zeit seiner Abschließung nicht, und damit auch nicht die unerläßliche Grundlagen für Verständnis und Respekt auf Gegenseitigkeit.

Dejima: ein Ort, dazu geschaffen, die Feindberührung zu verhindern, und zugleich dafür eingerichtet, sie zu ermöglichen. Es mußte Ärgernis in die hermetisch geschlossene Welt kommen; aber wehe denjenigen, durch die es kam.

Und wie war das mit dem sexuellen Verrat?

Der Umgang ihrer Frauen ist die empfindlichste Stelle jeder Gesellschaft. Sieger krönen sich mit dem Ritual der Vergewaltigung; wir kennen das Spießrutenlaufen kahlgeschorener Frauen, denen man in Frankreich nach dem Krieg sexuelle Kollaboration vorwarf (und auf die man den Makel der eigenen warf; den intimsten Verrat an der *patrie*, am Patriarchat). In dieser Hinsicht finde ich das Modell Dejima bemerkenswert. Der Handvoll Agenten der Vereinigten Ostindischen Compagnie (VOC) war es ebenso verboten, ihre Frauen mitzubringen, wie christliche Bücher oder kultische Geräte einzuführen. Als der Opperhoofd Blomhoff (Jan Cock) 1817 mit seiner Familie in Dejima auftauchte, wurde der Anhang umgehend des Landes verwiesen – freilich nicht so umgehend, daß sich der japanische Markt nicht zuvor seine Bilder von der exotischen Kapitänsfrau Titia hätte machen können. Nur darf sie auf dem Stellschirm, den ich gesehen habe, nicht als Gattin erscheinen, sondern als eine unbestimmte, als *die* holländische Frau mit Häubchen und Spitzenkragen, den Fächer in der Hand statt des Babys im Arm. Immerhin: die japanische Obrigkeit mutete den fremden Männern keinesfalls ein zölibatäres Leben zu und besorgte ihnen Kurtisanen aus Nagasakis Murayama-Viertel. Die Teehäuser dazu waren ebenso sorgfältig ausgewählt wie die Clans der Dolmetscher. Mögliche Folgen dieses Verkehrs wurden in Kauf genommen: so kam Opperhoofd Blomhoff doch wieder zu einem Baby, dieses freilich zu keinem Bild: ich wüßte gern, wie diese frühen Mischlingskinder in Japan gelebt haben. Auch Philipp Franz von Siebold hatte ja etwas wie ein japanisches Familienleben – der Skandal, der sich mit seinem Namen verband, hatte mit der Entwendung ganz anderer Geheimnisse Japans zu tun, aber nichts mit Frau Taki, der Gefährtin über sechs Jahre, und der gemeinsamen Tochter Ine.

Jedenfalls galt der symbolische Besitz japanischer Frauen den Behörden nicht als Grenzverletzung – den puritanisch konditionierten VOC-Herren müßte das, angesichts aller übrigen Restriktionen, eigentlich kurios vorgekommen sein. Ein Seidenbild zeigt den Geschäftshaushalt im Hause Blomhoff als eher lockere Angelegenheit. Nur einer der rothaarigen Herrn wendet sich ausschließlich den japanischen Partnern zu; der Hausherr sitzt von seiner stehenden Leihfrau garniert, sein Nachbar im roten Frack beschäftigt sich mit der seinen schon recht handgreiflich, während der dritte – im Zylinder – mit dem Teleskop nach einer weiteren Ausschau hält, die gerade durch die Tür eintritt. Hüte, Uhren, Gläser, Tonpfeifen, gerahmte Wandbilder: weitere Accessoires des fernwestlichen Exotismus.

Ein *shunga*, ein sogenanntes Frühlingsbild, zeigte eine zugeteilte Dame mit angezogenem Bein in direktem Verkehr mit einem furchterregenden bartstrotzenden Seebären im Dreispitz. Die Schriftlegende weist sein barbarisches Liebesgestammel nur onomatopoetisch aus, während der Klartext der Frau nicht mißzuverstehen ist: »Er ist so lang und dick. Ich hoffe, es wird nicht eng.« Auffällig geringe Sorgen, die sich das japanische System in diesem Falle um seine Intaktheit macht. Der Ausstellungskatalog vermerkt dazu: »Die japanische Prostitutierten (empfanden) die Liebesdienste an den ungeschlachten Fremden als eine Fron, zu der sie nur durch die Behörden gezwungen werden konnten.« Madame Butterfly ist noch wohltuend weit entfernt. Aber ich denke doch, daß die doppelte Moral der christlichen Seefahrer durch die unverblümt praktische, auf Ruhigstellung auch mit diesen Mitteln bedachte ihrer Überwacher, auf einige Proben gestellt worden ist.

In einer andern Beziehung vermute ich den Befremdungsschock auf japanischer Seite. Auf dem Stellschirm mit dem verfremdeten Ehepaar Blomhoff sind Mann wie Frau mit regenschirmbewehrten Domestiken im Hintergrund abgebildet – Javanern vermutlich, jedenfalls Asiaten. Diese Entourage gehörte fest zum Erscheinungsbild der Holländer. Mit welchen Gefühlen hat sie der japanische Betrachter vermerkt? Ist es eine anachronistische Perspektive, wenn mir das koloniale Setting als potentieller Angriff auf das japanische Selbstgefühl erscheinen will, nach dem Motto: Diese Stellung wäre *uns* von den *nanbanjin* zugedacht, wenn wir uns nicht vorsehen? Oder haben japanische Augen andere Nicht-Weiße, sobald sie in dienender Funktion auftraten, a priori nicht als ihresgleichen betrachtet?

Im Hafen von Nagasaki war ja nicht nur den holländischen, sondern auch den chinesischen Händlern ein Reservat zugeteilt. Ich wüßte gern, worin und wie sich die Behandlung der beiden Quarantänen unterschieden hat. Und da gab es noch ein Bild, das mir zu denken gab. Es zeigt eine japanische Prozession zu einem Tempel am Rande von Nagasaki – und zeigt zugleich die geleerten Straßen mit Holländern und Chinesen bevölkert, die denn also etwas wie Freigang von ihrem Ghetto genießen. Wie oft, wie erlaubt und bei welchen Gelegenheiten? Da das Bild im geschlossenen Land gezeigt werden konnte, muß ja wohl, was es zeigt, nicht ganz unvorstellbar gewesen sein. Jeder Japanreisende erlebt bis heute die Elastizität japanischer Regelsysteme. Von einem glaubwürdigen Willen ist es nicht nur imstande, sich beugen zu lassen, sondern auch noch, sich davor zu verbeugen. Lernfähigkeit hinter vorgehaltener Hand: wer sein Gesicht versteckt, braucht es nicht verloren zu haben. In Japan laufen – auf dem Vehikel der Doppeldeutigkeit – Revolutionen gewissermaßen bei gewahrten Fassaden der Unveränderlichkeit ab. Oder umgekehrt: die Konstanten der Identität vermögen sich nicht trotz, sondern kraft des Wechsels zu behaupten. Eine vorzügliche – und von keiner andern Kultur kopierbare – Zauberformel für das Ausbalancieren von Modernisierung. Der *Fuzzy logic* ist ein re-generatives Muster eingeschrieben, das aus jedem Paradigma-Wechsel wieder hervortritt wie das

Wasserzeichen auf dem Papier; und aus dem augenscheinlichen Chaos widerspruchsvollster Dispositionen stellt sich immer wieder eine neue fraktale Ordnung her: wie die Mandelbrotsche Figur.

Dejima, der Ort, der Topos, die Topographie: ich möchte sie *lesen* können wie ein Ideogramm. Eine fächerförmige Protuberanz, lächerliche 15 000 qm groß, abgebunden wie eine bösartige Geschwulst, über den empfindlichsten Nerv wieder mit dem Corpus Japans verbunden, eine festgezurrte Plattform, welche die Küste nicht berühren darf und sich ihrer Rundung doch fast zärtlich anschmiegt: wahrlich eine symbolische Lage, die zur Vermutung reizt, auch im Innern könne nicht viel dem Zufall überlassen gewesen sein. Die Besiedlung ist einseitig, beschlägt nur die starke rechte Hälfte der Insel mit der Reede. Linkerhand bleibt Raum für einen Garten, ein Tiergehege, eine Zeile Kiefern, und im äußersten untern Winkel steht das Gartenhaus fürs Unregelmäßige: Absteige der Kurtisanen, »Spielhaus«, Arztpraxis, Krankenstation. Die Reede auf der Gegenseite ist noch einmal durch ein inneres Schrankenwerk gesichert, in der Filteranlage das Nadelöhr; hier muß alle Ware durch, um von japanischen Zöllnern, auch sie aus nur vier Sippen rekrutiert, streng geprüft zu werden. Ältere Darstellungen zeigen die Gebäude im chinesischen Stil, schließlich lebte die VOC nicht vom Europa-, sondern vom Chinageschäft, das sie dem berührungsscheuen Japan gewinnbringend abgenommen hatte. Erst nach dem Brand von 1798 wehte die Trikolore der Generalstaaten vor einem Opperhoofd-Haus im europäischen Stil.

Die japanischen Beobachter und Künstler ließen sich natürlich keinen Blick auf die Innenseite der fremden Lebensform entgehen und verbreiteten ihre Bilder im ganzen Land: Tischsitten, Kostüme, Werkzeuge, exotische Haustiere. Die Belegschaft des Ghettos war zwischen den Schiffsbewegungen klein, für ein Dutzend Leute boten die 50 x 300 Meter Raum genug. Japan wollte sie ebensowenig, wie es sie entbehren konnte. Es hatte seinen Abstoßreflex an dieser einen Stelle gebremst. Sie schien kontrollierbar genug, daß man nur so viel hereinließ, wie man brauchte und was zur eigenen Ordnung paßte; dennoch ging von diesem Punkt, nicht nur für die Malerei, der Einbruch einer neuen Perspektive aus, einer Erweiterung des Blicks nicht nur durch das Teleskop, und, nicht nur für die Medizin, eine Revolution der Anatomie.

Da Japan für die zwei Jahre Seefahrt entfernten Europäer nicht zu erobern war, fand der Austausch für einmal zu den Bedingungen der Entdeckten statt: hier waren *sie* es, die für die »Ungleichheit« der Verträge sorgten. Es bleibt eine müßige, dennoch spannende Frage, ob sich Japan durch diese Rationierung seines Verkehrs mit dem Rest der Welt nicht selbst benachteiligt hat. Die über 200 Jahre *sakoku* haben gewiß die Selbstbestimmtheit des japanischen Systems gestärkt. Sie haben ihm aber auch eine einsame Form von Identität aufgedrückt und seine Reaktionsfähigkeit nicht gegen das Neue, aber gegen des *Andere* spezifisch eingeschränkt. Dejima war ein Ort der Nicht-Kommunikation mit sorgfältig gewählten Ausnahme-Klauseln: etwas wie der Fremdkörper zwischen den Zähnen, auf den die Zunge, da sie ihn nicht beseitigen kann, irritiert, aber zwanghaft zurückkommt. Für ein Organ kulturellen Stoffwechsels war Dejima zu dürftig ausgelegt – aber wenn man weiß (und in Japan hat man es längst *vor* dem Opiumkrieg gewußt), mit welchem Stoff die *nanbanjin* handelten, wird man Japan nicht verdenken, daß es Feuerwaffen für das Nötigste hielt, was es von den Barbaren übernehmen mußte – um nicht von ihnen übernommen zu werden.

In der Berliner Ausstellung habe ich aber auch frühere Bilder gelesen, die von einem generöseren und naiveren Austausch zeugen. Nobunaga, aber auch Hideyoshi führten die jesuitischen Väter durch die Herzkammern ihres Reichs; sie verlangten von ihren Höfen, daß sie zu bestimmten Festen im westlichen Kostüm auftreten sollten. Katholische Gesänge wurden in den Straßen – auch ohne Christentum – fröhlich nachgebetet, sozusagen als die neuesten *hits*; eine andere, eine selbstbewußte Art, den westlichen *life-style* auszuprobieren, ein japanischer Europäismus, 300 Jahre vor dem Japonismus im Westen. Aber auch die portugiesischen Missionare, für die noch kein Dejima erfunden war, wußten sich auf die erlebten Japonica einen Reim zu machen, den man heute mit Ehrfurcht liest. So hat der schon als Jugendlicher nach Japan gekommene João Rodrigues das *chanoyu* wahrgenommen:

»Diese Zusammenkunft zu Tee und Konversation hat keine ausführlichen Gespräche zum Ziel, sondern dient eher dazu, daß die Teilnehmer in ihren Seelen in Frieden und Bescheidenheit die Dinge anschauen, die sie dort erblicken, und so durch eigenes Bemühen die darin enthaltenen Geheimnisse entschlüsseln mögen. Entsprechend ist alles, was bei dieser Zeremonie Verwendung findet, so schlicht, roh, unbearbeitet und einfach, wie die Natur es schuf. (...) Je kostbarer die Gegenstände in sich selbst sind, und je weniger sie es zeigen, desto besser sind sie geeignet.«

Dies um 1600 – kaum ein Wunder, daß wir diesem Mann auch die erste Bestandsaufnahme der japanischen *Sprache* verdanken. Die Übersetzungsleistung, die er als *Leser* fremder Lebenskunst erbrachte, ist noch höher zu schätzen als die Eloge eines andern jesuitischen Missionars:

»Ihr solltet nicht denken, diese Menschen seien Barbaren, denn abgesehen vom Glauben sind wir, so klug wir uns vorkommen, im Vergleich mit ihnen große Barbaren... Es gibt keine andere Nation auf der Welt mit so vielen Talenten und natürlichen Begabungen wie die Japaner.«

Vielleicht ein topisches Lob, wie dasjenige des Tacitus für die Germanen, in dem er seine Rom-Schelte verbarg – immerhin, es ist keine Fremdenverkehrsprosa, sondern das Produkt einer Erfahrung, die man später von Dejima aus nicht mehr machen konnte. Für die Mijnheers der VOC wurde Japan, was es für die Mehrzahl heute noch ist: *just business* vor einem exotischen Hintergrund. Der Missionar – solange er keine Waffen für die Richtigkeit seines Glaubens sprechen läßt – sieht mehr vom andern Land als der Händler und tut für beide Seiten mehr. Die Verpflichtung, mit seinen Gastgebern von letzten Dingen zu sprechen, schließt die Chance ein, daß er auch von den Werten des Anderen das Nötige erfährt. Und es kommt vor (ich habe es als Lektor an einer christlichen Universität erlebt), daß ihm dann selbst die Bekehrung nicht mehr als das Nötigste erscheint. Soll die Zivilisierung von Konflikten und die Kultivierung von Interessen fortschreiten, darf der Austausch nicht bei Tee und Tabak beginnen – und bei Computern enden.

Diese Missionsarbeit zwischen West und Ost ist bei der ersten Berührung nicht gelungen – und Dejima kommt mir auch als eine Art Strafkolonie für ihr Fehlschlagen vor. Die Zukunft verspätete sich für beide Seiten um Jahrhunderte – und nach Japan kam sie, in Reaktion auf den erzwungenen Stillstand, mit Commodore Perrys Schwarzen Schiffen gewaltsam. Nach dem abgebrochenen ersten Lernprozeß im 16. Jahrhundert war inzwischen auch die gegenseitige Unkenntnis solide geworden – fruchtbare Mißverständnisse eingeschlossen. Die Zukunft gehörte jenem Geschäft, für das sich die Holländer auf Dejima beschränken mußten – und offenbar ganz gerne beschränkten. Was die Forscher in ihrem Dienst, was die Deutschen Kaempfer und Siebold an reeller Japan-Kunde nach Hause brachten, verbreitete sich nicht über gelehrte Zirkel hinaus, während anderseits das europäische *Know-how*, das über sie nach Japan eingesickert war, den Umbruch untergründig vorbereitete – trotz Dejima, und vielleicht doch: im Geiste Dejimas; nämlich mit Restriktionen, die heute für ein großes westliches Publikum Japan so undurchsichtig machen, wie es für die Herren der Vereinigten Ostindischen Compagnie gewesen sein muß.

Das »Rätsel Japan« in Ehren. Aber vielleicht wäre es für die Japaner kein Unglück gewesen, wenn sie in der Reibung mit den kontinuierlich anwesenden Fremdkörpern gelernt hätten, die eigene Identität weniger exklusiv zu erleben – darüber erlaube ich mir kein Urteil. Ziemlich sicher bin ich dagegen, daß wir auf unserer Seite *weniger* Mystifikation Japans gut gebrauchen könnten – etwa der japanischen Spiritualität, von der wir dann enttäuscht feststellen, daß sie in Japan kaum noch zu finden sei. Wir hätten dafür auch weniger Angst vor dem Japan nötig, das wir zu sehen glauben, und vor seiner offenbar durch nichts zu bremsenden Produktivität; wir hätten weniger Klischees vom Land der Geishas und der – siehe Koestler – »Automaten«, die jetzt eher »Roboter« heißen. Wir könnten die falschen Souvenirs aus unserem Projektionsladen ausräumen, in denen, auch in den puppenhaften, so viel Gewalt und Abwehr, soviel Beziehungsdelikte stecken wie in jedem kulturellen Kitsch. Hätten wir mit Japan in den vergangenen Jahrhunderten mehr Realität – auch trennende – gemeinsam gehabt, Ihr Fach, die Japanologie, wäre nicht gestern ein Orchideenhaus gewesen und heute ein Pflichtfach für den smarten Managernachwuchs.

Ich spitze zu, ich beklage: Das sind nun doch wieder Unarten des Literaten, und der Laie entschuldigt sich so japanisch wie ihm möglich, sollte er die ihm gebührende Frageform verlassen und sich in die Toga des Rechthabers geworfen haben. Wenn ich zum Schluß einen Wunsch an Sie, die Japanologen, frei hätte (vielleicht sagen Sie mir ja, daß er längst erfüllt ist), so wäre es eine möglicht vollständige Übersetzung der Berichte, welche die Hofdolmetscher damals von der Berichterstattung der holländischen

Delegationen angefertigt haben, wenn diese einmal jährlich, als Pseudo-Daimyos, beim Shogun vorsprachen, um ihm die Weltgeschichte – das heißt: die Geschichte *ihrer* Welt – zu erklären; denn für ihn müssen das ja Nachrichten von der andern Seite des Mondes gewesen sein. Wie lautet die japanische Lesart dessen, was die Westler für wichtig genug hielten, es in Japan weiterzusagen? Der Reflex des einen Auges im andern – zurückgespiegelt an den westlichen, inzwischen natürlich historisch verschobenen Ausgangspunkt: dieses Bild hat mir in Berlin gefehlt; ich möchte gerne einmal daran herumziffern wie an der Insel-Karte Dejimas.

Diesem unbekannten Bild habe ich – nun wirklich zum Schluß – einen winzigen Pinselstrich beizufügen. Originell ist er nicht: ich liebe Tempura, diesen Geschmack Japans auf der Zunge – und würde ihn auch mögen, wenn ich nicht zufällig wüßte, daß Tempura einmal eine europäische Leihgabe, ein portugiesisches Rezept war. Aber da ich es nun einmal wußte, machte ich mich in Lissabon auf die Suche nach dem Original und bekam es auch vorgesetzt – mit der stolzen Bemerkung der Wirtin: das ist eine japanische Spezialität, hier mögen wir das auch.

Hinweise

Der Wasserfall von Nikko: Neue Zürcher Zeitung vom 29.5.1993

Hansi, Ume und ich: zuerst in Japanische Eindrücke II, Hrsg. von S. Ishikawa-Franke/M. Ishikawa, Hakusuisha Tokyo 1987 (überarbeitet)

Tsunami: Das Plateau Nr. 19, Oktober 1993, Radius Verlag, Stuttgart

Japan – Versuch eines fraktalen Porträts: Eröffnungsrede zur Ausstellung »Japan und Europa 1543-1929«, Berlin, 12. September 1993

Zwei Geschichten und ein Faktor X für Tadao Ando: Eröffnung des *vitra*-Konferenzpavillons von T. Ando, Weil am Rhein, 30. Juni 1993

Zeichenverschiebung: zuerst in DU, Die Zeitschrift der Kultur, Heft Nr. 8, August 1990

Doppelagent in Dejima: Vortrag am 9. deutschsprachigen Japanologentag, Zürich, 22. September 1993